梅兰芳艺术人生文丛

刘祯／主编

梅蘭芳在上海

◎ 张斯琦 编著

知识产权出版社
全国百佳图书出版单位
——北京——

"梅兰芳艺术人生文丛"的整理出版为北京市西城区文化艺术创作扶持专项资金2020年度扶持项目

序

"他在深厚传统和广泛吸收多家所长的基础上创造了极其精美的艺术。他不愧为现代世界上伟大的表演艺术家之一。他的艺术是近千年来中国戏曲艺术历史上的高峰之一。他是一代宗师,对一代艺术家发生了积极的、深刻的影响。梅兰芳是把中国戏曲舞台艺术介绍到国外,并获得盛誉的第一个戏曲表演艺术家。"(朱穆之《永不停步的革新精神——纪念艺术大师梅兰芳诞辰九十周年》）这个"他",就是20世纪中国最伟大的表演艺术家之一——梅兰芳。

轻拂时间的尘封,走入历史的情境中,回看梅兰芳的一生,依然那么清晰,又那么熟悉。在20世纪初新与旧、古老与现代、东方与西方的文化碰撞和争持中,梅兰芳的出现,顺应时代要求和审美追求。他通过持之以恒的努力、追索,将京剧艺术推向了一个新的高度,也使得"梅兰芳"这一名字与京剧、与时代紧紧地联系在一起。而从中国艺术、中国文化的传承脉络来看,其实梅兰芳及其京剧艺术早已融汇到今天的舞台艺术和文化基因里。

演员是梅兰芳的职业,他以自己的努力和奉献,把京剧的旦行艺术推向了新的高度;同时,作为那个时代引领风气之先的人物，他的行为思想又与时代社会紧密联系，为人们所关注，成为时尚标志。而在那个动荡、变幻莫测的时期，梅兰芳洁身自爱，不随波逐流，注重自我品德修养，追求进步，为人中和而讲原则，是非分明；他身上的家国情怀，如傲雪红梅，如罹霜松柏，坚贞不屈，坚定不移。台上，他扮演了数以百计不同身份、不同性格的女性人物，个个美丽动人，熠熠生辉，善恶分明；台下，他是铮铮男儿，有血有肉，与人为善，助人为乐，热心公益，具有高度的文化自觉。他有开阔的视野和世界眼光，访日、访美、访苏演出，使中国戏曲得以走上世界戏剧舞台，形成与世界其他戏剧体系平等交流、对话的格局，进一步构筑和阐释了中国戏曲的体系特征，展示了中国传统文化的魅力，提升了中国文化和中国人在世界中的地位。

梅兰芳是 20 世纪伟大的京剧表演艺术家，是传承者，是革新者，也是一位绘画大家，是那个时代的时尚代表，是那个时代的文化表征，是那个时代的文化使者，是一位伟大的爱国者，是为人们所爱戴的人民艺术家。本文丛试图让人们了解和看到的就是这样一位血肉饱满、生动鲜活、爱憎分明、初心不改而多姿多彩的梅兰芳！

倾城旧事——梅兰芳在上海

目 录

1 / 导　言

7 / 一、一九一三之行

27 / 二、旦角挂了头牌

45 / 三、风靡海上的新戏

63 / 四、梅兰芳的朋友圈

81 / 五、留声机里的风华

99 / 六、时尚的感召

117 / 七、马斯南路的歌声

136 / 八、蓄须了,不唱了

151 / 九、浴火重生

171 / 十、百年后的传承

身着礼服的梅兰芳

导　言

这本小书,讲述的是梅兰芳与上海这座城市的往事,我尽可能地卸下一些附加在梅兰芳身上的光环与符号,避免一些扁平化与概念化的叙述,希望能轻快流畅地把一些史实连缀起来。

从 1913 年第一次赴沪演出开始,梅兰芳就与上海结下了深厚的渊源,在这里,他第一次担纲大轴主演,开启了旦角成为舞台中心的新时代。梅派新戏，从古装戏、时装戏、红楼戏，到极为成熟的梅派本戏，随着梅兰芳历次在沪演出而风靡海上，这段历史见证了梅派艺术的开创过程，见证了梅兰芳如何成为一位引领时代潮流的伶界大王。

同时，上海的时尚潮流也给了梅兰芳许多反哺与启示，他在这里汲取营养，广开眼界，将很多时尚的元素与观念融入自己的艺术创作中，在这里与世界沟通交流，跳出了京剧演员的樊篱，使自己成为一个中国文化的代表，1930年访美、1935年访苏，梅兰芳都是从上海出发，这既像一种偶然，更是一种必然。

导 言

1932年后,梅兰芳举家定居上海,1933年正式赁屋于马斯南路,从此他与这座城市有了更多的故事。梅兰芳始终与海上政治界、金融界、文化界有着丰富多面的交往,这种交往超出了京剧艺术本身,产生了一些更加重要的反应。像张大千、吴湖帆这些大艺术家,事实上都在与梅兰芳的交往中获得了新的艺术灵感,一些政界与商界的活动,也因为有梅兰芳的参与,具有了不同于一般的意义。

梅兰芳一生中最为人所知的事迹,便是抗日战争时期蓄须明志,不为外侮演出。这件史事,便是发生于上海,显示出这位艺术大师的品格。从更多的事实角度来看,蓄须明志这件事,也有着诸多曲折与微妙,包括冯耿光、福芝芳等人为梅兰芳平安渡险所作出的努力,许多细节至今仍让人为之凛然。

在上海这座城市的文化艺术传承中,梅派艺术的普及与传承,应该是一个代表。上海的梅派演员、票友、琴票,历来比北京还要多。梅兰芳事业上的最佳继承人梅葆玖,也是出生在上海,在这里完成了早年的学艺经历。至今上海的京剧票房中,"唱梅""学梅"的爱好者依然甚众,史依弘、田慧这些优秀的上海演员,亦是专业领域的佼佼者。

在与梅兰芳并存的时代里,人们讨论的是他的每一场戏,抑或某一个关于他的八卦。在梅兰芳身后的时代里,人们讨论的是他存世的每一张唱片、每一段影像，还有他的传人与再传弟子。也许在日后更长的时间序列里，长到也许京剧这门艺术都几近消亡，梅兰芳这个名字可能仍然会被人铭记。

截取梅兰芳在上海这个历史的断面，我们看到的是梅兰芳一生的缩影，是一个时代的累积。

梅兰芳首次在沪演出留影

一、一九一三之行

虽然说的是上海的故事,却得从北京讲起。

1913 年的中国,正处于一个今古交替的大变革时代。辛亥革命打落了皇冠,把一个数千年历史的古老帝国推进了现代政治文明的世界。而对于更多普通民众来说,这些变革似乎没有太多的影响,生活还在继续,京戏也还得听。

这一年的北京城里，大大小小有二十多家戏园子，每晚都在上演着各种好戏。伶界大王谭鑫培已经六十六岁，露演的次数越来越少，市场一大半都是新兴坤伶的，男伶里刘鸿声、杨小楼、王凤卿、王瑶卿这些人还在奋力支撑，其中有一位不到十九岁的新秀，梅巧玲的孙子梅兰芳。虽说年未弱冠，可已然凛凛然有大角风范了，跟谭鑫培合作《四郎探母》《桑园寄子》《汾河湾》这些"对儿戏"，丝毫没有怯场的意思，倒是有些旗鼓相当，让很多老演员和观众眼前一亮。梅兰芳这时主要在前辈田际云的玉成班里演戏，有时唱大轴，有时唱倒二，每当大栅栏鲜鱼口贴出来他的戏，上座总是好的。

京剧姓京，却是风靡全国的大剧种。在长江以南的上海，西皮二黄的风靡程度丝毫不弱于京城，甚至更厉

一、一九一三之行

《汾河湾》剧照，王凤卿饰薛仁贵，梅兰芳饰柳迎春

害。上海是1840年之后中国开埠最早的城市之一，海纳百川，包容性极强。北方演员很早就有人南下，在上海吸引观众，开疆拓土。就连"京剧"这个词，还是被《申报》叫出来的。有所不同的是，北京的京剧界是用班社做单位的，一个班儿从主角到龙套，演一场戏结一回账，叫

"开份儿"。而上海多是剧场主导,剧场老板约角,一期唱一个月,或者再多点,一期一算,叫"包银",除去包银,所有的营业收入就都归剧场了。上海的各大戏院老板为了营业情况好,每年不定期地会到北京邀角儿,北方的演员也喜欢到上海演,因为钱给得多。

1913年,刚刚接下上海丹桂第一台不久的老板许少卿,亲自跑到北京来约角,想请时下最红的老生演员王凤卿到上海唱一期。三十岁的王凤卿,嗓音极佳,扮相雍容,此时正是京剧老生行的翘楚。他深得汪桂芬亲传,《文昭关》《取成都》《朱砂痣》《战长沙》《华容道》这些汪派戏唱得极为正宗,内外行都十分认可。

一、一九一三之行

王凤卿很快答应了许少卿的约请,并提出同去的旦角要用新秀梅兰芳,这倒让许少卿犯了踌躇。在他印象里,能跟凤二爷配戏的旦角,怎么也得是陈德霖、王瑶卿这些已经成了大名的演员,再不济也得是王蕙芳。十九岁的梅兰芳会不会影响上座,许少卿心里有点打鼓。奈何王凤卿一再坚持,许少卿也不好推辞,但有一个条件,这一期王凤卿的包银拿三千二百块大洋,梅兰芳拿一千四百块大洋。为人厚道的凤二爷不同意,提出梅兰芳至少得拿一千八块,许老板要是不同意,就从他自己的包银里扣。

话说到这,许少卿只得同意王凤卿的要求。但对梅兰芳,他始终还是不放心。许少卿想不到,他这次出一千八百块大洋请来的演员,改变了20世纪中国的艺术史。

倾城旧事——梅兰芳在上海

王凤卿便装照

一、一九一三之行

梅兰芳虽然年轻，但此时身边已经有了一批高级智囊，也就是后来被称为"梅党"的人。这其中的核心人物，是梅兰芳一生中最重要的近友——冯耿光冯六爷。这位日本陆军士官学校第一期的留学生，回国后担任过总统府的军事顾问，日后又成为中国银行的总裁，在军政商各界都人脉极广。所谓"梅党"的骨干力量，几乎都是冯耿光的下属或挚友。首次到上海演出这种大事，冯耿光等人自然极度重视。从戏码到宣传，都做好了各种准备。

1913年10月底，王凤卿、梅兰芳乘坐刚刚开通的津浦路火车，与琴师茹莱卿、鼓师杭子和、梳头师傅韩佩亭等助演人员一同南下，到了上海，下榻在许少卿家中。

倾城旧事——梅兰芳在上海

梅兰芳在上海携子大永与
老师茹莱卿、雷少臣（后立）合影

一、一九一三之行

"人不辞路,虎不辞山",戏班跑码头是司空见惯的寻常业务了,几百年下来,也形成了一套固定的模式。京剧演员在整个行业里的地位比较高,虽然不用说些"脚踏生地,眼望生人"之类的话,但每到一地正式演出前,总要去当地的报馆、行业协会、票房拜访一下,以求照应。1913年的上海,帮会势力还没有发展到一手遮天的程度,王凤卿与梅兰芳主要拜访一些报馆的朋友,像《时报》的狄平子,跟王凤卿早有交谊,与"梅党"中人更是关系密切。所以《时报》对这期演出的宣传很早,还刊出了一篇《梅兰芳小传》,想必一定是"梅党"文人的运作了。

刚到上海,王凤卿和梅兰芳就遇上一个难题,还没在丹桂第一台正式亮相,金融界的杨荫荪就约他们二位出演自家婚礼堂会,唱《武家坡》。杨荫荪与冯耿光等人都是朋友，唱堂会当然没什么话说，可许少卿说到底还是对梅兰芳的艺术不放心，担心一旦堂会唱砸了，传出去对自己的营业会很有影响，所以不赞成他们参加杨宅堂会。但王凤卿和梅兰芳倒觉得这是一次很好的预演时机，可以先在商界圈子里打出声誉。杨荫荪也放话给许少卿，如果真唱砸了，无非请商界的朋友包一周的票，给他挽回损失。话说到这个份儿上，许少卿也只能同意了。

出乎许少卿意料，王凤卿与梅兰芳的《武家坡》演得很成功，效果极好。杨荫荪在上海的政界商界交游极广，来参加婚礼的都是名流，一场堂会下来，这些看戏的主力都知道上海来了一个年轻的好角儿梅兰芳，于是口口相传，成了很好的广告。

一、一九一三之行

《虹霓关》剧照，梅兰芳饰丫鬟

1913年11月4日，是梅兰芳在上海登台的第一天，丹桂第一台的票价最高卖到了一块大洋一张，最低也要三角一张。当时上海其他几个舞台，最高票价通常也就是五角，孙菊仙也不过卖最高七角一张。头一天的戏码，大轴是王凤卿演出汪派名剧《朱砂痣》，梅兰芳在倒二演出《彩楼配》，几乎卖了个满座。

《彩楼配》本是京剧青衣行当的一出代表作，是王宝钏与薛平贵全部故事里的第一出，有时前面会带上《花园赠金》一起演。其中大段西皮【慢板】转【二六】【快板】，最后"回府去禀告二老爹娘"还要用一个青衣的【嘎调】。这出戏唱好了，那青衣【西皮】的腔基本就都会了。梅兰芳这出戏取法陈德霖与王瑶卿，十分正统，唱得全场观众都在凝神静听。一曲唱

一、一九一三之行

《彩楼配》剧照，梅兰芳饰王宝钏

《女起解》剧照，梅兰芳饰苏三

一、一九一三之行

罢,彩声四起,许少卿悬着的心终于放了下来,梅兰芳在上海算是立住了。

上海的首次登台,给梅兰芳带来了很大的震撼:一方面是观众的欢迎,让年少的他充满信心,另一方面他也看到了与北京截然不同的剧场面貌。此时北京演戏的剧场,还都是由传统茶园沿袭下来的形式,四方的舞台,有柱子与栏杆,挂着台联幔帐,观众座位基本是方桌配条凳,对号入座还都很少,剧场的照明也不理想。而上海已经是西式舞台为主了,半圆形的大型舞台,毫无遮挡,台前一排电灯,宽敞明亮,让演员更加兴奋,从抱着肚子唱的状态里走出来,更加注重表演与神情。

也许第一场演出的印象还只是个新鲜感,后面十多天的演出让梅兰芳的感受更加具象,他陆续演出了《玉堂春》《武家坡》《女起解》《御碑亭》《宇宙锋》《虹霓关》《孝义节》《汾河湾》《别皇宫》《四郎探母》《美人计》,以青衣的唱工剧目为主。上座率都很好,观众的口碑也极佳。王凤卿提议,让梅兰芳压一次台,唱一回大轴,立即得到了许少卿的同意,这也与冯耿光等人的想法不谋而合。

唱大轴,就不能再唱之前那些青衣骨子老戏了。几番商议,梅兰芳唱大轴的剧目选定为《穆柯寨·穆天王》,由武生改琴师的茹莱卿为梅兰芳说戏。这出戏里的穆桂英,本来属于刀马旦应工,唱段并不多,以念白、表演、功架取胜,剧中豆蔻年华的穆桂英一口京

《穆柯寨》剧照,梅兰芳饰穆桂英

白，爽朗活泼，惹人喜爱。整出戏的情节有文有武，亦庄亦谐，很吸引观众。尝试这种唱念做打综合一体的剧目，而且是第一次台上扎靠，对于梅兰芳是一种挑战。

1913年11月16日，这天的戏是日夜双出，白天梅兰芳和王凤卿演了《美人计》，晚上就是梅兰芳首挑大轴，演出头本《穆柯寨》，朱素云、郎德山、刘寿峰三位斫轮老手为他配演。各种表演让观众觉得新鲜可爱，彩声不断，取得了很好的效果。第二天还是梅兰芳的大轴，二本《穆柯寨》，王凤卿为他配演杨六郎。梅兰芳第一次扎靠，总爱在台上低头，有损穆桂英的舞台形象。第二天的演出，"梅党"坐在观众席里，看到台上的穆桂英低头了，就拍几下巴掌暗示，梅兰芳就马上改过来。两场大轴下来，梅兰芳的声望更高了，许少卿自然更是乐得合不拢嘴。

一、一九一三之行

两场《穆柯寨》演下来,梅兰芳明白了,说是唱戏,绝不能只是唱,要充分调动唱念做打一切综合手段,丰富舞台表演,才能真正吸引观众。这种意识,此后影响了梅兰芳几十年。

原定一个月的演出,在许少卿的恳求下,从11月4日演到12月18日,整整演了四十五天。最后一天王凤卿与梅兰芳合演《汾河湾》,圆满结束。许少卿、王凤卿、梅兰芳,当时可能都不会想到,这一期演出,几乎开启了京剧历史上新的一页。直到几十年后,梅兰芳回忆首次莅沪演出时说:"这是我演艺生涯中的一个重要节点。"

《嫦娥奔月》剧照,梅兰芳饰嫦娥

二、旦角挂了头牌

首次赴沪演出的大获成功,让梅兰芳在京剧界声誉渐隆。回京后,他在北京搭班的戏份儿与戏码都渐渐发生变化。旦角与老生的地位,也在微妙地转变。

从徽班进京到 20 世纪前十年,京剧界挑班的主要是老生演员,旦角演员多是给老生配戏。可此时的风气已经开始有所变化,冲着旦角戏买票的人越来越多了。伶界大王谭鑫培感慨地说:"男的干不过梅兰芳,女的干不过刘喜奎,土埋到大半截了。"

1914年,在上海一炮而红的梅兰芳,再次跟随王凤卿赴沪演出,地点还是在丹桂第一台。此时丹桂第一台的台主换成了尤鸿卿。有了第一次的良好印象,上海观众更加欢迎这位青年的旦角新秀,头一天的戏码,还是大轴凤二爷的《朱砂痣》,倒二梅兰芳的《彩楼配》。票价由第一次的一块大洋,涨到最高一块二。首演的下午,《时报》的狄平子邀约了书画界、诗词界的吴昌硕、朱彊村等海上名流,为王凤卿与梅兰芳接风洗尘。当时北京演员到上海演出,每天的应酬就很不容易,中午下午参加宴会、舞会,晚上还得集中精力演出,这对演员的精力与体力都是一种考验。

二、旦角挂了头牌

梅兰芳的时装戏

这一期丹桂第一台的演员实力也很雄厚，除了王凤卿、梅兰芳、朱素云这几位北来的核心主演，还有长居上海的孙派老生双阔庭，官称双处。双阔庭本是票友下海，演唱气势磅礴，极有孙派长江大河一般的气势。只是此时老境颓唐，双目失明，只落得在前三出唱开场。谭派老生贵俊卿，也是名票下海，嗓音不佳但很有韵味，是一位学谭高手。另有一位南派京剧的鼻祖式人物，"老三麻子"王鸿寿，此次也加入丹桂第一台演出中，王鸿寿在南方的影响极大，周信芳、林树森等南派京剧代表人物，都出自他的门下。此外，还有南派名旦赵君玉、南派武生名家盖叫天。当时一晚上要演十出左右的戏，各种行当、各种风格，让不同层次的观众都能得到满足，这也是经营者煞费苦心的结果。

二、旦角挂了头牌

梅派时装戏《一缕麻》

到上海演出,除了名利上的收获,梅兰芳也的确极大地开阔了眼界。京剧界一直存在一种"鄙视链",京朝派演员瞧不上南派演员,觉得南派京剧路子太野,难登大雅之堂。可南方的观众觉得北方的演员技巧单一,不好看。梅兰芳来上海演出,每晚都是唱倒二或者大轴,要到晚上十一二点才上台。他却有意早到后台,认真观摩这些上海名角儿的戏,如"老三麻子"王鸿寿的《跑城》《扫松下书》,红生戏《水淹七军》《过五关斩六将》《赠袍赐马》《封金挂印》《霸陵桥》《古城会》《斩貂蝉》等。

红生戏的南北差别比较大,北派的关公,是从程长庚、汪桂芬到王凤卿这一路传承下来的,骨重神寒,动作简练大方,古意盎然,唱腔都是【西皮】,只演《斩华

二、旦角挂了头牌

雄》《白马坡》《华容道》《战长沙》这几出，总体不出须生格局。而王鸿寿创造的南派关公，剧目则丰富很多，表演凝重之外多一点灵活生动，唱腔喜用【拨子】【吹腔】，融合老生、武生、花脸的表演技法。这样的关公戏，在北京是很难得一见的，梅兰芳借着在上海演出的机会，看了很多这种独具一格的表演，默默记下来，取其优长，融入自己的表演之中。正是这种宽阔的视野，让梅兰芳左右逢源，迅速成长。

这一期演出从12月9日开始，到13日梅兰芳便挑大轴唱了一场《枪挑穆天王》；17日大轴与南方名旦赵君玉合演《五花洞》；23日大轴与赵君玉合演《虹霓关》；28日大轴与赵君玉合演《樊江关》，王凤卿倒二演出《钓金龟》，这出戏虽然是老旦戏，却是汪桂芬的拿手杰作，王凤卿自然也按着汪派路数演唱；29日单挑大轴演《穆柯寨》；1月4日大轴与赵君玉合演《虹霓关》；1月9日大轴与赵君玉合演《五花洞》。可见梅兰芳唱大轴的场次越来越多，几乎可与须生主演平起平坐了。

除了压台次数增多，梅兰芳演出剧目的风格也在悄然发生着变化，与1913年以青衣剧目为主相比，这次梅兰芳的剧目种类又丰富了许多，《樊江关》《破洪州》《虹霓关》这些戏都突破了青衣的界限，特别是演出了一次《百花亭》，即《贵妃醉酒》。这出戏是梅兰芳向路三宝学的，原本是一出花旦应工戏，梅兰芳却通过自己的理解，融青衣与花旦的艺术风格为一体，对一些唱念表演进行了改革，让它最终成为梅派一个最有代表性的作品。

二、旦角挂了头牌

早期京剧旦角的分工十分明确，青衣即以唱为主，花旦以念白与表演为主，刀马旦以武工为主。但从梅兰芳的祖父梅巧玲开始，这种间隔就有所松动，余紫云、王瑶卿等人因袭了梅巧玲的风格，把青衣、花旦、刀马旦的表演程式融合起来，让表演手法多样化，戏也就更加好看，由此也派生出了一个新行当——花衫。到梅兰芳身上，这种融合变得更加突出，《百花亭》就是一个显例。包括稍晚于梅兰芳的程砚秋、荀慧生、尚小云、于连泉，都走的这条路。这种历史性的革新，也使得旦行的影响力越来越高，最终成为京剧班社中与舞台上的核心行当。

1915年1月10日，这期演出的临别纪念，王凤卿与梅兰芳演出《汾河湾》。梅兰芳第二次赴沪演出落下帷幕，而一个新的时代即将拉开序幕。

梅兰芳的红楼戏《千金一笑》

二、旦角挂了头牌

1916年10月，接手天蟾舞台的许少卿，再一次把梅兰芳与王凤卿请到上海来演出，并加入了小生姜妙香、旦角姚玉芙，这两个人后来成为梅兰芳终身合作的重要伙伴。10月6日第一天，还是同前两次一样的戏码，大轴王凤卿《朱砂痣》，倒二梅兰芳《彩楼配》。可从第二天开始，梅兰芳就变成了大轴主演，直到结束。这标志着旦行正式超过生行，成为京剧舞台的主宰者。此后崛起的老生，余叔岩、高庆奎、言菊朋、马连良、谭富英等，全都是先为旦行跨刀配演，而后才成名独立的。

当时的天蟾舞台，与今天的上海天蟾逸夫舞台位置不一样，在现在南京路七重天宾馆的位置上。楼上楼下一共有三千多个座位，是那时上海规模最大、最豪华的舞台。梅兰芳这一期演出的票价，最高涨到了一元五角。

倾城旧事——梅兰芳在上海

《千金一笑》
梅兰芳饰林黛玉、姚玉芙饰袭人、姜妙香饰宝玉

二、旦角挂了头牌

这一期演出，梅兰芳不但稳居大轴，而且把自己在北京新排的各种古装戏、时装戏全都贴了出来，在上海京剧界引起了极大的轰动。最先上演的是古装戏《嫦娥奔月》，然后依次是《牢狱鸳鸯》《晴雯撕扇·千金一笑》《邓霞姑》《黛玉葬花》。古装戏与红楼戏里，梅兰芳改变了传统贴片子梳大头的扮相，参考古代画作中的仕女形象，重新设计发髻。时装戏更是把当时妇女最流行的发式与衣着引入戏中，人们从没有想象过，京剧还可以这么演，旦角的扮相还可以是这样。

这种轰动效应，使得天蟾舞台连日上座爆满，这一期里《嫦娥奔月》演了七次，《黛玉葬花》演了七次，《千金一笑》演了六次。人们想看看京剧舞台上的贾宝玉、林黛玉是什么样子，更想看看古装扮相与时装扮相的梅兰芳，得有多漂亮。

除了这些炙手可热的新剧目外，梅兰芳此期演出的传统剧目也很有亮点，青衣剧目中他多次演出了《玉堂春》，头二本《虹霓关》也深受观众欢迎。还多次演出了昆曲剧目《思凡》《佳期拷红》《春香闹学》等。充满朝气的梅兰芳，越来越勇于尝试各种不同类型的剧目，带给观众的也是丰富而多面的观感。

这期演出从10月6日演到11月20日，足足唱满了四十五天，之后梅兰芳赴杭州演出，回沪后又应许少卿之邀，从12月5日唱到12月17日，颇有欲罢不能之感。这种红火与热烈，说明此时二十二岁的梅兰芳，已经成为京剧界最耀眼的明星。

二、旦角挂了头牌

《黛玉葬花》
梅兰芳饰林黛玉、姜妙香饰贾宝玉

《黛玉葬花》剧照，梅兰芳饰林黛玉

二、旦角挂了头牌

梅兰芳在上海如此红火的场面，必然给北京的京剧界带来不小的震动。回到北京不久，梅兰芳与谭鑫培共同在广德楼演出《汾河湾》，谭鑫培在后台跟前来请安的梅兰芳开玩笑说"小子好运道"，还向梅兰芳索要杭州丝绸。七十岁的谭鑫培，已经完全看到了未来的京剧界即将是梅兰芳的天下，也默认了梅兰芳即是自己的继任者。

这场演出后四个月，1917年5月10日，谭鑫培在大外廊营谭宅病逝，梅兰芳送上了挽联：地老天荒大名长在，山颓木坏吾道其孤。谭鑫培这一代为京剧形成立下卓著功勋的演员，就此退出了历史舞台，一个属于梅兰芳的时代已然来临，这也将是京剧最辉煌的时代。

梅兰芳

三、风靡海上的新戏

从1916年开始,梅兰芳每次到上海演出,都要展示一些自己最新排演的剧目。上海观众是非常乐于接受新鲜事物的,这些梅派新剧的上演,总会引起一阵风潮,带来极为可观的上座率,因而约角儿的剧场老板也盼着梅兰芳每次都能带来一些吸引观众眼球的新作。排新戏,是市场、演员、观众三方的共同需求。

时装戏、古装戏、红楼戏,这些梅兰芳最早的创新作品,一定时期内在营业上是取得了巨大成功的,单说梅兰芳在每出戏里的扮相,就足够让观众掏钱买票了。邓霞姑和林纫芬的扮相,一度成为许多妇女争相模仿的梳妆样板。而且这些戏很符合观众的好奇心理,看惯了戏台上长袖善舞的古人,不知道时装和古装是怎么个演法。《黛玉葬花》《晴雯撕扇》这些红楼戏,用全堂布景甚至真正的红木家具上台,也让观众觉得新鲜极了。

但这几出戏在舞台上真正表演,还存在一些问题,像《邓霞姑》《一缕麻》,京剧演员表演起来受很大局限,很难把时装与唱念做打结合起来,为了加唱,梅兰芳不得不在剧中串唱一段《宇宙锋》,这就有点像活报剧了。而几出古装戏、红楼戏,在情节上比较平淡,没有什么故

三、风靡海上的新戏

梅兰芳的新剧《木兰从军》

事性、戏剧性，演出来就比较温和。时间长了，观众的热情也就降低了。所以这些戏梅兰芳后来都演得比较少，也做过反思。

梅兰芳真正成功的创作，是在20世纪20年代这十年间，至今依然在传唱的一些梅派剧目及名段，如《霸王别姬》《廉锦枫》《洛神》《太真外传》《凤还巢》等，基本都是在这一时期创作出来的，这些自然也是梅兰芳在上海营业演出的焦点。

在梅兰芳一生的艺术经历中，他最敬佩两个人，一位是谭鑫培，另一位是杨小楼。1921年，梅兰芳与杨小楼在北京合组了崇林社，收益极好。1922年两人在吴震修、齐如山等人的协助下，排演了京剧《霸王别姬》，轰

三、风靡海上的新戏

梅兰芳的新剧《廉锦枫》　　　梅兰芳的新剧《红线盗盒》

动了整个京剧界。杨小楼的霸王,脱离了花脸的旧窠,重塑了一个王者风范十足的武生霸王,脸谱也在钱金福的帮助下重新设计。而梅兰芳的虞姬,扮相上参考了古代画作,设计了如意冠、鱼鳞甲、连缀着"万字不到头"

的黄帔。在最重要的场次"别姬",梅兰芳安排一段在【夜深沉】伴奏下的"剑舞",这套剑舞参考老生的"铜套子"及武术中的舞剑,把生死离别的情感用一套剑舞表现出来,这是具有突破性的创造,一问世就征服了内、外行。后来尚小云、程砚秋排新戏,也都加入舞剑,不得不说都是受了《霸王别姬》的影响。

就在《霸王别姬》问世不久,上海的许少卿便邀请梅兰芳与杨小楼到天蟾舞台演出,同行的还有王凤卿、郝寿臣、于连泉等人,阵容十分强大。许少卿对《霸王别姬》的营业寄予了厚望,1922年6月12日,梅兰芳与杨小楼首次在上海演出《霸王别姬》,最高票价卖到了四块大洋,同期其他舞台最高票价也不过一块大洋。首演就连演了三天,之后许少卿降价到三块五,又演了五场,几

三、风靡海上的新戏

乎场场满座。从此,《霸王别姬》成了梅兰芳在上海必演的剧目,大概也是演出最多的一出戏。

《霸王别姬》的场次安排极有门道。第一场是韩信发点,第二场是项羽发点,这虽然像吴震修自嘲是"外行的安排",但两场连着的发点,两边都是八个靠将升帐,上八个龙套,无论行头还是人手,不是崇林社这样的顶级大班,很难做得到。到第三场,虞姬才在【小开门】的曲牌中款款登场打引子,相当于王凤卿、杨小楼都在为梅兰芳垫戏。全出十多场,项羽在九里山还要打成套的"挡棒攒",这就属于大武生戏了。可虞姬真正出场的只有三场,前两场"回宫议事"和"风折纛旗"都不是重头戏,就卖个扮相;只在"别姬"一场安排一段【西皮慢板】、一段【南梆子】和舞剑前面的【二六】,1925 年之后连【慢板】都改成【摇板】了。这时的梅派新戏,已经体现出这种非常精练的特点,绝无废笔。当然,只有梅兰芳可以凭借他的声望与票房,做到这一点。

1922年从上海回京不久,崇林社就解散了,梅兰芳组建了自己的班社承华社,梅杨不再同班,《霸王别姬》演出的机会自然就少了很多,只在大义务戏和高等级的堂会戏里演出。可上海的观众一直都惦记着这出戏。1923年12月,梅兰芳与王凤卿、言菊朋等人在上海共舞台演出,上海各界观众都要求看这出《霸王别姬》,梅兰芳没办法,只能请武生杨瑞亭配演,演了七次。

上海霸王的人选,一直都是个令人犯难的问题,直到1926年11月,梅兰芳在大新舞台也就是后来的天蟾

梅兰芳、杨小楼《霸王别姬》

逸夫舞台演出期间，观众又要看《霸王别姬》。选来选去，梅兰芳选中了当时还在大新舞台当基本演员的花脸金少山。金少山是前辈铜锤花脸金秀山之子，金秀山死后，金少山倒仓，流落烟台，在烟台练功喊嗓蛰伏了八年，1922年跟随白玉昆到了上海，一直在各个剧院里当基本演员。梅兰芳曾经与前辈金秀山合作多年，受益颇多，对此时的金少山印象也不差，所以力排众议，让金少山陪自己唱霸王。

1926年12月11日，第一场梅兰芳、金少山合作《霸王别姬》，这一唱就轰动了上海。第二天又唱了一场，依旧好评如潮。有意思的是，第一天的戏单排列，梅兰芳与王凤卿并排，金少山的名字在下面，第二天戏单就变成了梅兰芳居中，王凤卿、金少山一右

三、风靡海上的新戏

一左。一场戏下来,金少山的地位就提上来了,自此扶摇直上,直到成为"十全大净"。而此后梅兰芳在上海演《霸王别姬》,都与金少山合作,每期少说演出七八次,多可演出十多次。直到1937年金少山组班回北京,才由刘连荣接任。

《西施》《洛神》《廉锦枫》三出新戏,都是1923年12月到1924年1月在上海首演的,这一期的演出阵容也比较特殊,还是票友身份的言菊朋也参加进来,结果回京就被罢免公职,从此言三爷便下海从艺了。《洛神》这出戏,在很多梅派继任者眼里都是畏途,太难演了。单论表演手段,其实没有什么特别之处,全凭着演员的气质和气场,只要差一点就全"温"了。梅兰芳能演出洛神的仙气,这是大多数演员都望尘莫及的。特别

倾城旧事——梅兰芳在上海

梅派诗剧《洛神》

是最后"洛川相会"一场,在众多仙女的簇拥下,洛神身着缥缈的锦绣,一句【慢板】,一个舞蹈造型,中间还穿插着京胡曲牌。这种戏已经脱离了卖技巧绝活、一

三、风靡海上的新戏

下两下的层次,到了唱意境的高度。在上海首演时,引起了很多文人和外国观众的赞誉,观众从没想到京剧还可以这样演。

梅兰芳的新戏里真正到达顶峰的,还得说是头至四本《太真外传》。剧本设计、人物穿戴服饰、场次结构、唱腔表演、舞台布景装置各个方面,只有梅兰芳能做得到,而且只有鼎盛时期的梅兰芳才能做到。头二三本《太真外传》都是1925年至1926年在北京首演的,第四本是在上海首演的。

1926年11月,就是前面说的金霸王横空出世的那一期,梅兰芳的《太真外传》也在上海首演,更引起了极为热烈的效果。这四本戏,就像是今天的电视连续剧,一天演一场，每场都独立成章，各有其精彩之处。像第一本的"道观遇艳""华清赐浴"，舞台上分别搭出来"太真宫""清元殿""华清池"的布景，"华清赐浴"一段，梅兰芳身着一袭白纱，唱着新创的【反四平调】，着实让观众如痴如醉。二本里"沉香亭醉写"一场，真的在舞台上搭出来亭子，"唐王梦游月宫"，梅兰芳串演嫦娥仙子，唱【西皮导板】后转【南梆子】，等嫦娥仙子教完十二支霓裳羽衣曲，灯光一变，唐明皇回到现实中，嫦娥仙子瞬间变成杨贵妃，把南方连台本戏的技巧用到了这折戏里。三本中的"翠盘妙舞"，舞台上设计了一个大的翠盘，旁边十二个童子举着旗子，杨贵妃在中间翩翩起舞。这三本都在上海取得了巨大的成功，观众纷纷要求看第四本。梅兰芳等人又赶排出第四本《太真外传》，1926年12月22日正式在大新舞台演出，最后一场"仙山楼阁"，唱大

三、风靡海上的新戏

梅派名剧：四本《太真外传》

梅派名剧：头本《太真外传》

段的【反二黄导板】【回龙】【反二黄慢板】，笼罩全场。这四本戏的设计，在当时京剧界完全是引领潮流的。

此后梅兰芳每次在上海演出，《太真外传》与《霸王别姬》一样，都是必演剧目。1928年12月到1929年1月在沪演出期间，还留下了一批舞台实况照片，让后人得以领略梅兰芳当年在上海演出此剧的盛况。直到1938年3月，梅兰芳最后在大上海剧院与天蟾舞台演出了此剧，那时已经由四本演四天，压缩为两本演两天。1945年后，梅兰芳再未演出此剧。倒是言慧珠一直以《太真外传》为号召，但她也是演出两本。四本的演法，此后几乎绝迹于舞台。

《凤还巢》《春灯谜》、全本《宇宙锋》这几出戏，是1928年12月到1929年1月在上海首演的。《宇宙锋》

三、风靡海上的新戏

"修本""金殿"两折,原本青衣老戏中就有,梅兰芳1913年首次来沪时就演过,而且因为冯耿光非常喜欢这出戏,梅兰芳更是经常演出。到后来增加首尾,排出来全本《宇宙锋》。《凤还巢》在上海的影响也非常大,这出戏情节巧妙,其实梅兰芳在剧中出场次数并不多,但处处都有亮点,像"三看""三笑"这种表演,精彩绝伦。后面反驳继母的【西皮原板】转【流水】,是梅派唱腔的典范之作。梅兰芳在沪首演此剧期间,还在唱片公司灌了这出戏的唱段,更使这出戏风靡海上。

这段梅兰芳排演新剧以及在上海演出的历史,今天看起来还是让人神往不已,这种辉煌是后人无法梦见的,更是无法超越的。

梅兰芳参加沪上名商潘志铨的中西舞会

四、梅兰芳的朋友圈

除了唱戏赚钱,梅兰芳在上海做的另外一件很成功的事情,就是交朋友。

前面说过,外地的演员到了上海来,必须"拜码头",最初主要是去报社、票房拜访,因为唱戏的广告、评论都得靠报纸宣传。去拜票房则是要收服票友这个群体,一旦得罪了票友,那破坏力可就太大了。1920年余叔岩

倾城旧事——梅兰芳在上海

1920年4月梅兰芳在沪期间与"梅党"成员合影

四、梅兰芳的朋友圈

第一次来上海演出,因为余叔岩比较孤高,不愿意去票房拢人气,后果就是几个上海大的票房连起来跟他作对,对营业、声誉都有很坏的影响。后来余叔岩再去补救,结果连人带东西,都被票房的人给扔了出来,闹得沸沸扬扬。

有"梅党"这些高人的出谋划策,梅兰芳在应付媒体、记者这些方面自然得心应手得多。他首先"搞定"了《新闻报》《申报》《时报》这几个在上海覆盖面最广的大报,在宣传上都做足了文章。像《申报》,从1920年开始,梅兰芳每次到上海,都逐日连载《梅讯》,由上海的"梅党"赵叔雍等人主笔,对梅兰芳每天的演出盛况、与社会各界的活动交往进行跟踪报道,京剧界二百年历史上,只有梅兰芳一人有过这种待遇。

京剧界的很多名角都擅长绘画，梅兰芳更是如此，他曾向王梦白、齐白石等人学习画花鸟，又学习画仕女、佛像等人物一类。通过绘画，梅兰芳可以开阔视野，领悟到很多艺术的公理，把书画中的精神运用到舞台表演中。同时，绘画也是一种社交手段，能让他与文人墨客更畅快地交流，从而提高自身的文化与社会地位。梅兰芳初来上海，便通过狄平子与沪上画坛领袖吴昌硕见面订交，向吴昌硕请教画艺，之后又结识了沈曾植、何维朴、王一亭等书画名家。吴昌硕多次绘制梅花，相赠梅兰芳。况蕙风戏称吴昌硕是"好德未如好色"，自己向他求画，从来没画得这么快、这么好。

当时的上海，集合了很多遗老遗少、隐居文人，还有诸多后起的新贵、名商，用今天的话说就是一个个"圈

四、梅兰芳的朋友圈

畹華先生 惠存

大中華百合影片公司敬贈

梅兰芳参观大中华百合影片公司

子"。这些群体都很乐于与梅兰芳交往，经常举行一些大型宴会、游园活动，以此为荣。甘作蕃曾是上海怡和洋行总办、公和祥码头买办，威望极高，又喜爱书画、诗词、京剧，曾经多次在自家的非园（今愚园）邀请名流，共同欢迎梅兰芳来沪。大地产商周湘云、周纯卿弟兄多次在自家名园"学圃"宴请梅兰芳，周纯卿的汽车牌照是上海H号，当时报上常称他为"一号汽车之周君"。江南四大藏书家之一的蒋汝藻，多次在密韵楼宴请梅兰芳，还请上许秋帆、钱新之、吴寄尘、张孝若等人。蒋汝藻知梅兰芳爱画人物，席间还将自己珍藏的唐贯休《五祖说法图》、宋李公麟《九歌图》《十六应真图》等名迹展示出来。1922年梅兰芳与粤剧名伶李雪芳同在上海演出，沪上名流在甘作蕃的非园、简照南的南园举行了多次雅集，以"香南雪北"为主题，留下了大量诗词。

四、梅兰芳的朋友圈

梅兰芳在上海住宅阳台上与夫人福芝芳合影

书画题咏本是文人之间交流的雅事，有了梅兰芳这样的时尚明星加持，变得更有意趣。1920年4月，梅兰芳与吴昌硕、王雪丞、何维朴、况蕙风等人在惜阴堂聚会，席前何维朴提议，为梅兰芳绘制一幅《香南雅集图》，由吴昌硕题引首，遍请海上诸名家作跋。4月29日，何维朴画成，装成手卷，先由况蕙风题词《清平乐》二十一阕，后由赵叔雍题《清平乐》四阕，王病山题诗一首，又请郑孝胥再题引首。此后陈散原、沈乙盦、诸宗元、吴昌硕、朱古微、陈夔龙、袁伯夔、沈子培等名流陆续为此画大量题诗题词，孙隘堪题写了图序，真是集海上一时之盛。1919年梅兰芳赴日演出前，林纾为他画了一幅《缀玉轩话别图》手卷，也曾带到上海请名家题跋。除了梅兰芳，恐怕没有第二个人能做到这一点。

四、梅兰芳的朋友圈

按中国人的习惯,年轻人不做寿,庆整寿一般是五十岁甚至六十岁才开始,可梅兰芳的三十岁生日已经成了文化圈的热点。1923年12月梅兰芳与王凤卿、言菊朋等人来沪演出,正值梅兰芳三十岁生日前后,诸多海上名人写诗作画,为之祝嘏。八十岁的吴昌硕亲自写了寿联"梅华比寿春如海,乐府道源风遇箫",王一亭则为梅兰芳绘制了《一苇渡江图》。袁寒云在远东饭店宴请梅兰芳等人,并由步林屋作寿词、袁寒云亲自挥毫以为寿礼。况蕙风撰写了一篇《缀玉轩主人三秩寿序》,后由罗惇曧隶书为十二条屏。商务印书馆的张元济为梅兰芳写了祝寿诗为赠。设宴祝寿的人就更多了。后来梅兰芳特地在报上发了一篇骈文作为答谢,当然文章是代笔的。

倾城旧事——梅兰芳在上海

1932年程砚秋赴欧前夕，梅兰芳在无量大人胡同家中为其饯行

梅兰芳与"梅党"成员

梅兰芳并不是一个单一的人，他能穿着长袍马褂，与前朝文人写字画画、吟诗答对，更能穿着西服、燕尾服，得体地往来于外国人举办的舞会、酒会。20世纪20年代，外国人到北京，如果没看过梅兰芳的戏，就等于没到过中国，在上海更是如此。大约从1923年开始，梅兰芳的上海朋友圈里，出现了越来越多的外国友人。

四、梅兰芳的朋友圈

上海几种重要的西文报纸《字林西报》《大陆报》《泰晤士报》，多次派记者采访梅兰芳，而后在报上登载文章，介绍梅兰芳与京剧。1923年12月9日，《大陆报》的主办方上海新康洋行，邀请梅兰芳等人到新康花园聚会，主笔沙发等人还与梅兰芳合影留念。新康花园是1916年英国籍犹太人埃兹拉修建的，是上海较早修建的西式庭院，其中有网球场、游泳池等先进设施，又有石佛塑像等中国古代文物，很多中西大型宴会都在此处举办。

上海作为中西方文化交流的重要窗口，有许多外国商人与官员在此常驻。梅兰芳到上海，还要去拜"洋码头"，去拜会英国、法国这些国家的领事。英国公使多次邀请梅兰芳参加马会。渐渐地，越来越多的外国人开

倾城旧事——梅兰芳在上海

癸亥初冬偕门人梅葊陶谳集于沪滨远东旅舍 runt上宧〜

畹华兄惠存

1923年梅兰芳、言菊朋与袁寒云等人在沪欢宴

四、梅兰芳的朋友圈

始走进剧场,看梅兰芳演的戏。梅派新剧中,每一出都有相应的舞蹈,这些舞蹈是最受外国人欢迎的,有美国观众认为《霸王别姬》的剑舞如果在美国上演,一定会引起轰动。英国大主教路过上海,英国公使设宴招待,还特请梅兰芳参加,席前表演了《霸王别姬》中的"舞剑"一段。英国大主教有一本特别的签名簿,十余年来每至一地,便请政要、元首、勋爵签字留念,"舞剑"完毕,他特请梅兰芳在这个本子上签字留念,因他认为梅兰芳是当之无愧的艺术界元首。

梅兰芳到上海,经常去参加潘志铨在其私宅举行的中西舞会。潘志铨是怡和洋行总买办潘澄波之子,父子两代都是上海著名的实业家。潘志铨毕业于香港大学,生活习惯非常西化,他举办酒会与舞会,自是香衣云鬓,

倾城旧事——梅兰芳在上海

畹華先生 惠存

沙發敬贈

梅兰芳在《大陆报》主笔沙发家中

四、梅兰芳的朋友圈

外宾毕集,很多外国公使与领事都携夫人来参加。1926年联华总会欢迎梅兰芳,举行二百多人的大会,至少有半数都是国外商人。之后潘志铨在葛罗路私宅宴请梅兰芳,有中外名流四五十人参会。不过这种频繁的活动,也着实考验演员的精力,像联华总会的欢迎宴,梅兰芳晚上七点到场,八点半就得奔赴剧场,晚上还得演二本《太真外传》这般大戏。

1929年1月,潘志铨在澄园设宴招待梅兰芳,邀请了七十多位外宾参加,梅兰芳晚上七点半穿着燕尾礼服出席宴会,九点钟直奔剧场。十点半,潘志铨带着七十多位外宾到剧场,看梅兰芳主演的《霸王别姬》。之后不久,梅兰芳特别在上海夏令配克影戏院,专门针对外宾举行了两场演出,精选了《天女散花·云路》

《西施·游湖》《霸王别姬》三个经典片段，说明书都是中英文对照，由为鲁迅译《阿Q正传》的梁社乾翻译。这种方式，可以视为梅兰芳与他的智囊在为赴美演出做准备。

日本是1919年梅兰芳第一次出外访问演出的国家，日本的政界、文化艺术界与梅兰芳有着很友善的往来关系。1923年12月，日方领事矢田七太郎、《文汇报》主笔佐原笃介等日本名流在六三花园宴请梅兰芳，1926年梅兰芳来沪时又在六三花园再度宴请。六三花园是当时上海最贵的日料亭，在这里请一次客，日领馆都要向外务省提前报批经费，可见梅兰芳在日本人心目中的重要地位。

四、梅兰芳的朋友圈

这样跨越古今中外的交友圈,在京剧界乃至艺术界可能都是独一无二的。就在这样交往的过程中,梅兰芳的地位逐渐由一个京剧演员上升为那个时代中国文化艺术的一大标志。用今天的话说,梅兰芳在上海"圈粉"是很成功的。

1928年梅兰芳在上海演出《太真外传》

五、留声机里的风华

《左传》里说:"太上有立德,其次有立功,其次有立言,虽久不废,此之谓不朽。"对于京剧演员来说,立言的最佳方式,就是留下自己的声音与影像。梅兰芳应该是京剧历史上留下录音最多的演员。单凭这些声音,梅兰芳也足以不朽了。

今天的人们听音乐,一部手机,加上耳机、音箱就足够了。而录音的材质，则足足走了一百多年的变革之路，从蜡纸到蜡筒，再到虫胶唱片，再到后来的开盘带、钢丝带、盒式磁带等。这其中，粗纹 78 转的虫胶唱片，曾经占领市场长达半个多世纪。唱片虽然是一种舶来品，但问世不久便进入中国，与京剧、曲艺等当时的热门艺术结合，迅速流行起来。上海作为中国的时尚前沿，是各个外国唱片公司最早选择的着陆点。

最初灌唱片，演员多是游戏之作，唱片公司也浑水摸鱼。像谋得利洋行发行的物克多唱片，有很多是冒名灌制的假片。这其中最热闹的就是署名孙菊仙的唱片，真真假假，莫衷一是。孙菊仙晚年声称自己从不灌唱片，从不照相；但一些旁证又说明，物克多唱片里有一些署名孙菊仙的唱片是真品，发行公司还特地找到了当时与

五、留声机里的风华

孙菊仙签署的合同。物克多唱片里还有一些署名谭鑫培的唱片,据谭小培说那是他代替他父亲唱的。直到法国的百代公司在中国开展业务,唱片的真伪问题才基本得到解决,质量也有所保证。

梅兰芳第一次灌唱片,就是在上海的百代公司。1920年5月,百代公司看准了已经声名鹊起的梅兰芳,趁着他在上海演出期间,邀请他灌录唱片。对于灌唱片,有的演员觉得不划算,担心观众买了唱片就不去剧场听戏了,或是怕同行从唱片里偷艺。但梅兰芳显然不同,他和他身边的智囊都觉得灌唱片是个很好的宣传机会,可以让更多的人知道梅兰芳以及他的新戏。百代的合同是灌九面,付大洋三千五百块,这个报价也是够顶级的了。

从第一次灌片子，就看得出来梅兰芳对唱片的重视程度。选择的剧目是两出传统戏《汾河湾》《虹霓关》、四出他的个人新戏《嫦娥奔月》《黛玉葬花》《木兰从军》《天女散花》，从时长到腔词，每一个唱段都做了精心设计。《汾河湾》选了最经典的【西皮原板】"儿的父去投军无音信"，这段就像是老生《失街亭》的"两国交锋龙虎斗"，学戏都从此学起，可真唱好了并不容易，越是横平竖直的东西，越考验演员的功力。《虹霓关》的【二六】也是如此。这两段完全体现了梅兰芳学习陈德霖、王瑶卿传统青衣唱法的极高水准。新戏里《黛玉葬花》选了最核心的一段【反二黄慢板】，由《红楼梦》的《葬花吟》改写，《天女散花》选了【二黄慢板】"悟妙道好一似春梦乍醒"，一个意味悠长的唱段。九面唱片，有新有旧，安排得非常妥帖，而且给梅兰芳的几出新戏做足了广告。

五、留声机里的风华

1928年梅兰芳在上海演出《洛神》

首次灌片就取得了很好的收益，这让梅兰芳领略到了这种先进手段给自己带来的益处，他之后也有意地把新戏的精彩唱段都灌制成唱片发行，既保留了自己的艺术成果，也起到了宣传作用，这跟一些演员的保守态度是完全不同的。

1928年至1929年，梅兰芳从香港演出回来，在上海演了将近两个月。这时中国的唱片业更加兴旺，百代、高亭、胜利、蓓开等大公司与中国本土诞生的大中华唱片公司交相辉映，而梅兰芳此时的新剧创作也达到了巅峰。《洛神》、《霸王别姬》、《廉锦枫》、四本《太真外传》、《凤还巢》等成熟作品在沪依次开演，着实让上海观众痴迷不已，特别是每出戏里梅兰芳、徐兰沅、王少卿等人共同创作的新腔，一时风靡海上。唱片公司

五、留声机里的风华

1928年梅兰芳在上海演出《凤还巢》

自然不会错失这个时机,在短短的一个月时间里,百代、蓓开、大中华三家公司先后约梅兰芳灌制唱片。

此时梅兰芳的唱腔与1920年第一次留声相比,已经有了很多变化。唱法上梅兰芳在传统青衣声腔上,做了许多改革,吐字、发音、行腔,都形成了自己鲜明的梅派特色,声音更加宽实悦耳,大气中又不乏娇美,特别是尾音的处理,总带有一点淡淡的"嗲"和"媚",勾着听众的耳朵,让人心驰神醉。头本至四本《太真外传》里的唱段,新意迭出:头本里"道观遇艳"【西皮慢板】"杨玉环生至在华阴小郡","华清赐浴"【反四平调】"听宫娥在金殿一声启请";二本里"被逐出宫"【二黄原板】"昨日宫中何等宠幸",【摇板】"在楼前遥望见九重的宫禁","献发"【二黄慢板】"我

五、留声机里的风华

这里持剪刀心中不忍","梦游月宫"【西皮导板】转【原板】"殿前的素女们一声通禀",三本里"七夕盟誓"的【四平调】"纤云弄巧",【二黄三眼】"杨玉环在殿庭深深拜定",【二六】"挽翠袖近前来金盆扶定";四本里【南梆子】转【流水】"万岁爷把羯鼓一声来响",最后"仙山续缘"的【反二黄导板】【回龙】【慢板】"忽听得侍儿们一声来请"。这其中囊括了梅派各种板式和唱腔,每一段都是足以传世的精品。梅兰芳几乎每次灌片都要选一段《太真外传》的唱段,前前后后把这四本的主要段落都录全了。

梅兰芳对待灌片一直是很严格的,灌片之前他要与琴师徐兰沅、王少卿反复商议,包括胡琴的过门、垫头,都经过精心打磨,务求完美。灌音时稍有误差就要重来,蓓开公司的唱片《四郎探母》，就前后灌制了两次。在百代、蓓开、大中华这三家公司几乎同时灌制的唱片中，梅兰芳既选了自己的新戏《凤还巢》《霸王别姬》《俊袭人》《红线盗盒》《太真外传》《春灯谜》《牢狱鸳鸯》《廉锦枫》《宇宙锋》，又选了《祭塔》《祭江》《武昭关》《六月雪》《刺汤》这类梅兰芳在台上几乎很少演出的老戏，可唱出来都有梅派的新意，《武昭关》《六月雪》两段【二黄】，被当时的剧评家赞为"雪泥鸿爪"。从灌唱片也能看出来梅兰芳的"心气儿"，颇有些观览今古的王者之气。

1930年从美国归来后，梅兰芳的声誉达到了顶峰，他本人的艺术取舍也出现了一些变化，这种变化可以说是他在着意保存传统，也可以说是繁华之后逐渐归于平

五、留声机里的风华

1928年梅兰芳在上海演出《红线盗盒》

淡。1931年1月,结束在上海荣记大舞台的一期演出后,梅兰芳在百代公司灌制了一期唱片,剧目有《霸王别姬》《太真外传》《汾河湾》,以及与马连良合灌的《宝莲灯》《四郎探母》《打渔杀家》,基本都是很通大路的唱段。他还在胜利公司灌制了昆曲《刺虎》,这是他专为赴美演出准备的剧目。

定居上海后,梅兰芳又在胜利公司、高亭公司、百代公司灌制过唱片。这一时期所留下的唱片,都是梅兰芳在演唱上的巅峰之作,嗓音状态非常好,演唱技法也达到了极高的境界。像在百代公司灌制的六面唱片《玉堂春》,在高亭公司灌制的四面唱片《探母坐宫》,无论是选曲还是演唱,都有种"洗尽铅华"的感觉。梅兰芳也在有意无意间,保留下自己最完美的声音。

五、留声机里的风华

1928年梅兰芳在上海演出《西施》

无论是文字、影像，还是声音，梅兰芳在艺术记录上是京剧界最有心的人，流传下来的东西自然也就最完整、最成体系。

1945年之后，随着录音设备的进步，越来越多的实况录音得以保存下来。1946年至1948年，梅兰芳多场演出实况被记录下来。其中有与杨宝森在上海中国大戏院合演的《武家坡》《大登殿》，1947年9月杜月笙六十寿辰义演期间演出的《四郎探母》《龙凤呈祥》，还有一些零散的剧目实况。可以听得出来，阔别舞台八年的梅兰芳，嗓音恢复得很不容易，完全凭借着功夫与火候在唱，但依旧有很好的效果。像《四郎探母》的【西皮慢板】，单论嗓音，与1935年在高亭公司灌制的唱片已经不能相比，但这种自然与圆融的感觉，只有时间的沉淀才能做得到。

五、留声机里的风华

1928年梅兰芳在上海演出
《宝莲灯》

1928年梅兰芳在上海演出
《四郎探母》

1928年梅兰芳在上海演出
《玉堂春》

1928年梅兰芳在上海演出
《太真外传》

当时正在学戏的梅兰芳幼子梅葆玖，对各种录音器材都很感兴趣，梅兰芳有个好朋友是天蟾舞台经理吴性栽，他儿子吴熹笙是名票，是杨宝森的徒弟。吴熹笙送了一台录音机给梅家。梅葆玖如获至宝，把医院的 X 光片自制成小薄膜唱片，用这台机器制作了许多梅兰芳的演出实况录音，还有王幼卿、姜妙香等人的说戏录音。这些录音，如今已经成为京剧艺术非常珍贵的有声文献。

从梅兰芳第一次在上海灌制唱片，到现在已经过去了一百多年。这些被奉为法帖的声音，不但没有因日久蒙尘，反而越听越有新意。声音里包含的，除了梅兰芳的艺术，还有过往的岁月。

五、留声机里的风华

1928年梅兰芳在上海演出《宇宙锋》

穿长衫的梅兰芳

六、时尚的感召

在梅兰芳大火特火的年代里,京剧远不是濒危物种,而是一种风靡中国社会的流行艺术,梅兰芳等演员,是主宰着时尚潮流的人。当然梅兰芳本人也是一个乐于体验时尚的"潮人"。

在其他城市还是"无风三尺土,有雨一街泥"的时候,作为中国时尚之都的上海,早就开始了城市的现代化建设。而且上海兼容中西优长,所有外来事物几乎都会在这里找到生存之地,从衣食住行的具体细节,到人的思维观念,乃至信仰,都深受舶来文化的影响。1913年第一次来沪演出时,梅兰芳就体会到这座城市的与众不同,各种先进的、时髦的东西,让他充满好奇,开放与自由的氛围,更对他有很深的吸引力。

京剧的从业者,可能因为总演古人的关系,大都显得"老性",衣着上喜欢穿长袍马褂,戴瓜皮帽。梅兰芳早年的便照也多是这种扮相;但1920年前后,特别是在上海拍的照片上,梅兰芳越来越多地开始穿西服西裤、打领结、戴西式礼帽,有时候还会穿燕尾服。京剧界穿西装的潮流,基本上是梅兰芳给带起来的。每次到上海来,梅兰芳总得抽空去南京路上的各大百货公司购

六、时尚的感召

穿西装的梅兰芳

物,买西服料子、呢子等,装束上的风格日趋入时。所以梅兰芳在上海出入各种外国人举行的活动,并没有很大的障碍。

当时上海的四马路，也就是今天的福州路上，有一家"一品香番菜馆"，是上海最早的西餐厅，很多社会名流都来这里聚餐。当时的报纸上，把去一品香吃饭和去天蟾舞台看梅兰芳并列，都看作最时髦的行为。菜品有炸板鱼、奶油烙鱼、菲力牛排、法式猪排、洋葱汁牛肉汤、红煨山鸡及各种西式甜点。梅兰芳每至上海，都要多次光临这家餐厅，很多名流宴请梅兰芳也选在此处。1930年梅兰芳赴美之前，于右任就在一品香为梅兰芳饯行，到场的书画名家及名流有商笙伯、黄宾虹、陈刚叔、张红薇、马孟容、马公愚、郑曼青、方介盦、张善孖、张聿光、俞寄凡、谢公展、洪丽生、李祖韩、李秋君、俞剑华、熊松泉、丁六阳、王陶民等人，饭后还举行了一场笔会，留下了许多作品。

六、时尚的感召

梅兰芳对很多机械化的东西都很感兴趣，上海是近代中国的工业中心之一，梅兰芳与很多实业家都有来往，每到上海，必去这些厂房参观，了解一些最先进的技术。钟表、相机这些与生活相关的物件，更是梅兰芳的心头之好，1926年在上海，梅兰芳花二百多块大洋买了一台德国进口的相机，后来用它拍了许多照片。上海的各大照相馆，也都与他关系极好，每次都会拍摄一大批剧照和便装照。1923年，在徐小麟的心心照相馆，梅兰芳拍摄了一批《洛神》《廉锦枫》《霸王别姬》的定妆照，是这几出新戏最早的照片。1928年，中华照相馆的郭承志用最先进的设备，拍了七十多张梅兰芳在荣记大舞台的实况照片，记录下了《太真外传》《西施》《廉锦枫》《红线盗盒》《凤还巢》《黛玉葬花》《俊袭人》《春灯谜》《宇宙锋》等多出梅派新剧的舞台镜头。

倾城旧事——梅兰芳在上海

梅兰芳在上海住所内

六、时尚的感召

梅兰芳与上海的电影界也交往颇深。1920年在沪期间,他应张元济之邀,由商务印书馆主持拍摄了无声电影《天女散花》《春香闹学》片段,可惜这批电影拷贝后来毁于战火。大中华影业的周瘦鹃曾多次邀请他前去参观,并就拍摄电影等艺术话题进行讨论。1930年梅兰芳从美国归来,联华电影公司举行了盛大的欢迎晚宴,阮玲玉等人纷纷参加并发言,对他深表敬意。

穿西服、吃西餐、开汽车等衣食住行方面的时尚,只是一些比较表象的细节,梅兰芳对于时代的理解当然远不止于此,更多先进的思想,体现在他的艺术上,体现在他的处世原则上。例如他对子女的培养,始终让孩子们接受最新式的西式教育,读教会学校,了解西方文明,家庭的氛围非常宽松自由,尊重子女的个人选择，所以他的孩子有的成为工程师、有的成为翻译家。

在舞台上，梅兰芳虽然演绎的是古代人物，但很多表现方式明显更现代化、平易化。例如对布景的运用，从1928年那批舞台实况照片就看得出来，梅兰芳并不排斥使用布景，在《太真外传》《霸王别姬》《西施》等多出大戏里都用了布景，而且效果很好。无论新旧，"众生皆备于我"，是梅兰芳始终秉持的一种包容。

时尚这件事是双面的，有作用必然就会有反作用。反过来说，梅兰芳本人在当时即是一种时尚，对社会的影响几乎形成一种风潮。

六、时尚的感召

广告业在上海的兴起是很早的,无论是报上的纸媒广告,还是商店里的橱窗广告,都在深刻地影响着人们的生活。20世纪20年代开始,梅兰芳和他的舞台形象,越来越多地出现在上海各行各业的广告上,如雪花膏、牙粉、香粉、香烟等商品均有涉及,甚至有点像今天所说的"周边"。

1926年,南洋兄弟烟草公司出品了一种以梅兰芳命名的高级香烟,烟盒的图案就是梅兰芳的剧照。南洋烟草的创始人,便是曾经举办"香南雪北"雅集的简照南,他与弟弟简玉阶联合开创此公司,所以叫南洋兄弟烟草。这款香烟一经发售,立即畅销上海。为了宣传,南洋兄弟烟草还制作了一张明黄色的大幕,送给梅兰芳,上面绣着一株古梅,还有"梅兰芳香烟"五个大字,梅兰芳在香港、上海、北京都曾常常使用这张幕，真是最好的广告了。

当时各种进口化妆品也在中国打开了市场，例如美国棕榄公司，它的另一个名字"高露洁"可能更为人所知。1920年棕榄公司就送了一些高档香水、香皂给梅兰芳，希望梅兰芳能写点赞美的话，作为广告。三西公司开办的南洋家庭工业社，是中国国货品牌的代表，生产了一种梅兰霜，显然是借用了梅兰芳的名字，产品中还用了梅兰芳的照片。梅兰芳请人代笔写了一篇回函，也是给三西公司做了广告：三西公司台鉴：昨辱瑶函，拜领尊赐。启奁生色，引鉴凝春。兰风扬辉，麝尘腾采。阳阿唏发，拜膏沐之盛施；沧浪濯缨，净熏染之结习。庶使鸡舌失味，龙脑不温。贾胡望而却步，瀛寰抱其流芳。引领日中之盛市，毂击肩

六、时尚的感召

摩。莫罄天末之微忱,目怡神赏。敬肃寸笺,用申款曲,附奉摄影,藉志纪念,专此道谢,顺颂鸿图。梅兰芳启。这种广告后来被先施公司、新亚公司、丽影公司纷纷效法。

20世纪二三十年代,随着民族资本主义工商业的发展,中国自己的民族工业日渐崛起,梅兰芳也在尽自己的努力,为"国货"摇旗呐喊,当时上海电台有时会做一些宣传国货的讲话或是清唱活动,每每邀请梅兰芳,他也是积极参与,义不容辞。1933年1月,《申报》发表了一篇梅兰芳关于提倡国货的演讲稿,也可以看出他对民族工业发展的态度:

今天,承上海市地方协会邀兰芳来对于提倡国货的事说几句话。兰芳一向是不大善于辞令的,但是爱国的心是人人都有的,所以也就自己忘乎自己的词拙、大方地稍微说几句。我们中国,这么多年以来,经济是非常的衰落。衰落的原因虽然是很多,可是"国内的实业不能振兴",也是其中最大的缘故。因为国内的实业不能够振兴,所以外国货也就乘机进口。外国货的进口一天比一天多,中国的实业也就一天比一天衰落,而我们中国经济上所受的损失也就一天比一天大。这种损失据最近的调查,每年已经达到五万万元之多。倘若是再不想法子,那么往后一年一年地加上去,中国的经济简直要破产。经济一破产,我们的国家自然而然也就没有存在的可能了。我们想个什么法子来挽回这种难关呢?我想并不难,只要我们来努力"振兴实业""提倡国货"。我们中国的国货也不见得一定怎样的不如外国货,而且也曾经很受外国人欢迎的,好比茶叶、丝、磁器等,在

六、时尚的感召

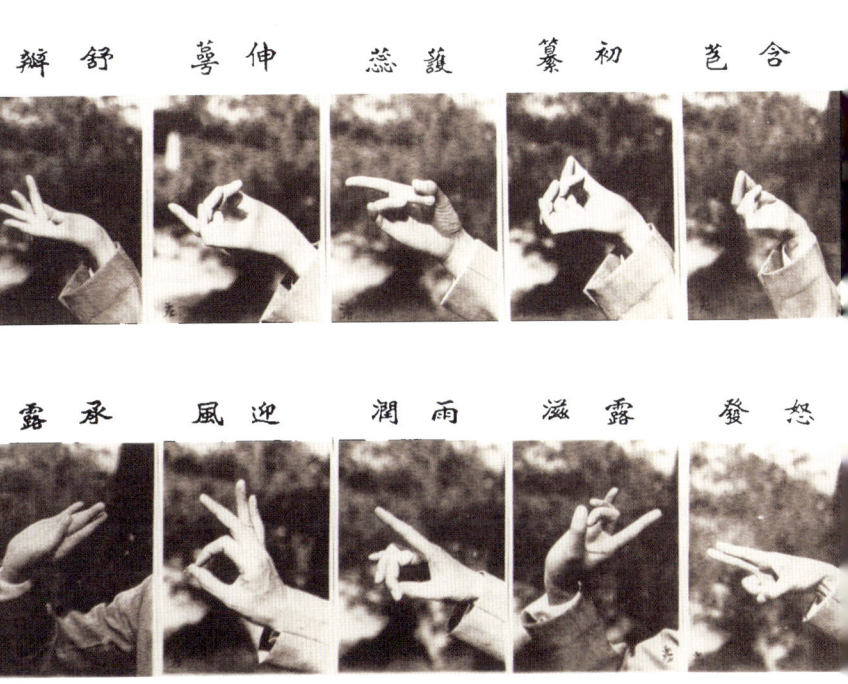

摄影技术记录下的梅兰芳指法

从前每年出口也不在少数，可是到了现在，也没有从前那么畅销了。这是什么缘故呢？就是因为我们不知道去研究改良，来让他有进步，所以弄得销路一天比一天小了。我希望国内的实业家要多多地注意这种地方。我还记得我前年在美国的时候，我们舞台上的一切布置，好比门、台账，以及所穿的行头，都全用中国货。我们中国所特长的一种秀货，他们外国人看了，大家都说美观，都非常赞美。还有我在美国的时候，除了必需西装的时候之外，无论是宴会或是平时，总是穿着用中国绸缎所做的袍子同马褂儿，他们都很称赞中国材料的好看。由此，可以知道我们中国的国货也有很受外国人所欢迎的，我们何不再去研究研究，好运到外国去，岂不是一定可以畅销，还可以挽回利权吗？外国人对于我们中国货都这样赞美，偏偏我们中国人近来都喜欢避开又

六、时尚的感召

结实、又美观、又便宜的中国货不买,偏去花大价钱买外国货,反使我们中国的经济受了绝大的损失,甚至于有亡国的危险,这又何苦呢?我们大家想想,合算不合算呢?我们中国人买外国货,好比自己吞炸弹一样。因为这是完全自己害自己的,这样长久下去,总有爆发的一天,一旦爆发起来,便可以致了我们的死命,这是多么可怕的事、多么危险的事。我劝大家千万不要再去自己害自己罢。我近几次到上海来,看见上海的机器工业是很发达的,而且各厂的出口也一年比一年多、一年比一年好,进步是非常地快,并且跟外国货也差不多,这种毅力是很可佩服的。但愿诸位提起了精神,整顿队伍,大家努力前进,赶快去收回我们中国在实业上所失去的地位。同时,并希望我们中国的同胞,大家来振兴实业、提倡国货,千千万万不要再去吞吃炸弹,自己害

梅兰芳手摄的风景照　　梅兰芳手摄的德和园大戏楼

死自己。我说到这里，自己就很觉得惭愧，我们大家都是中国人，本来就应该都用中国货，今天却来说提倡国货，这是多么羞耻的事呢？还希望我们的同胞从今以后，除掉万万不得已的时候之外，无论如何不要再去用外国货，一律用我们中国自己所产的国货，处处表现我们中国人爱国的精神。今天元旦，兰芳来稍微说几句，我想我们大家一定都是同情的，那我就请大家从今天元旦日起，下一个大决心，提倡国货、挽回利权，这不但

六、时尚的感召

是兰芳个人的荣幸,并且是我们国家的幸福。你们诸位想着,今天这位九十四岁的马相伯老先生,这么大的年纪还是这样努力提倡,我们大家应该怎么样学他老人家呢?我祝颂诸位到得九十四岁时候也是这样的精神,对于国家社会也是这样的努力。趁这个机会,跟诸君贺年,诸君康健。

1934年梅兰芳、马连良在上海荣记大舞台合演,即今人民大舞台

七、马斯南路的歌声

1930年1月,梅兰芳坐太古轮船又一次来到上海,下榻在梵王宫酒店。但与以往不同,上海并不是他此行的终点,反而是一个起点,梅兰芳与冯耿光等人策划已久的赴美演出之旅正式开启,他将从上海出发,奔赴大洋彼岸的美国。

赴美之前,梅兰芳在上海跟马连良唱了十天的戏,其间上海众多名流都举行宴会,为梅兰芳践行。虞洽卿、黄金荣、杜月笙、张啸林等人在"大西洋"宴请梅兰芳,市长张群在大华酒店专门举行了五百多人参加的酒会,为梅兰芳访美壮行。1月18日,梅兰芳乘坐的"加拿大皇后号"轮船正式起锚,取道日本,于1月31日抵达美国西雅图。

半年后,访美演出取得圆满成功的梅兰芳,乘坐"秩父号"轮船回到上海,上海各界举行了非常热烈的欢迎活动。赴美演出的成功,让梅兰芳的地位变得更加崇高,同时也让他对京剧这类中国古典艺术有了清醒的认识。当美国观众完全沉迷在他演出的昆曲《刺虎》中时,梅兰芳看到了京剧、昆曲所具有的艺术价值在世界上是独一无二的,这种写意化所带来的适度感,是其他任何戏剧艺术难以达到的。

七、马斯南路的歌声

1938年梅兰芳在上海演出《刺虎》

而梅兰芳个人,在美国获得了荣誉文学博士,这是前人从未有过的殊荣,可以说是到达了巅峰。三十六岁的他,一定在考虑着后面的安排。一种退隐的念头,也在时隐时现。1931年,梅兰芳与余叔岩领衔,在北京组建了国剧学会。这是梅兰芳访美回来的一大动作,他开始系统地整理、保存京剧的史料、文献。

随着1931年九·一八事变的爆发，北方的形势变得越来越不安定，此时唱戏对于梅兰芳来说其实已经不那么重要了，在与冯耿光等人的筹划下，南居上海，成为他一个尚佳的选择。1932年11月，梅兰芳举家迁居上海，首先下榻在沧州饭店。12月，梅兰芳与马连良在天蟾舞台合演了一期，1933年5月到7月，又与高庆奎在天蟾舞台合演了近两个月，此时梅兰芳的演出剧目中，新编戏的数量似乎减少了一些，反倒开始上演很多传统戏，这大概也是他从美归来反思中国戏剧的一种表现。当然这也只是一种猜测，有时梅兰芳的行为就是随缘应化，自然而然，不见得有后人附加的那么多想法。

不知不觉，梅兰芳在沧州饭店住了将近一年，直到1933年冯耿光正式移居上海，住在马斯南路。梅兰芳终

梅兰芳在马斯南路家中为李世芳说戏

于定居了下来,在冯六爷家附近租住了一套西班牙风格的小楼,房东是程潜。从此梅兰芳就在这里居住,一直到1950年才回到北京。

1933年6月,梅兰芳排演了一出新剧《抗金兵》,在传统戏《娘子军》的基础上,重新增益首尾,变成一出新戏。1930年到1961年,梅兰芳只排演了三出新戏,这三出戏都沿用了最传统的扮相与服饰,在唱腔与表演上也趋于大道至简。《抗金兵》"擂鼓战金山"一场,梅兰芳扮演的梁红玉一身戎装,在山头擂鼓助威,而后亲身力战金兵,用艺术的表现力鼓舞起人们抗击外侮的激情。首演时南北名家济济一堂,林树森饰演韩世忠,金少山饰演牛皋,极为增色。

七、马斯南路的歌声

1938年梅兰芳在上海演出《刺虎》

1934年,中国已经进入抗日战争的前夜,唤起民族危亡的意识成为很多有识之士的共识。梅兰芳排演的《生死恨》的主题,正是宋金交战、家国存亡之际,个人的不屈抗争,这充分体现出梅兰芳作为中国最优秀的艺术家所具有的爱国情怀与社会责任感。

倾城旧事——梅兰芳在上海

梅兰芳演出《生死恨》

《生死恨》在演唱艺术上是梅派各种板式的一个大集合。特别是"夜纺"一场，梅兰芳与琴师徐兰沅、王少卿共同研究了大段的【二黄】成套唱腔。形式上沿用了老戏中"叹五更"的格局，场面起【更头子】接【叫头】

七、马斯南路的歌声

【二黄导板】，渲染出静谧夜色，出场唱【二黄散板】转【二黄慢板】，节奏上衔接流畅。【慢板】从韩玉娘自叹身世飘零开始，【行弦】中用念白表达对程鹏举的爱恨交织，过渡到【原板】对国家兴亡的愤慨，尺寸逐渐紧凑，情感逐渐强烈。到"但愿得我邦家，要把那众番奴一刀一个，斩尽杀绝，到此时方趁了心肠"几个垛句，力度饱满，进入高潮，最后以【散板】"留下这清白体还我爹娘"结尾，极有回味。这段【二黄】唱腔，基本框架是传统戏的结构，但在演唱与伴奏上都有一些新的调整，是"寓新意于法度之中"的典范。

就在《生死恨》排演几个月后，马斯南路的梅宅传来喜讯，四十岁的梅兰芳又喜得一子，取名葆玖，多次经历丧子之痛的梅兰芳与福芝芳，对这个幼子寄予了很大

倾城旧事——梅兰芳在上海

1938年梅兰芳在上海演出《洛神》

的希望,一是希望他能健康成长,二是如果能继承家族的事业,成为梅兰芳在舞台上的继任者,那就更加完美了。果然,这个排行第九的梅家公子,后来成了梅兰芳与梅派艺术最重要的传承人。

七、马斯南路的歌声

1935年2月22日，梅兰芳乘坐轮船从上海出发，由日本到海参崴，抵达苏联，开始了他又一次重要的外国演出。当年赴美演出，主要是梅兰芳及"梅党"的个体行为，为了筹措经费，冯耿光还卖掉了自己的私宅。但1935年这次访苏，更带有一种官方的色彩，是具有外交意义的。赴苏演出的邀请书，由中苏文化协会正式提交，招待委员会中有苏联外交部远东司长、苏联国家剧院院长、苏联对外文化关系协会主席，具有浓重的官方色彩。出发前一日，上海市市长吴铁城在上海国际饭店举行了隆重的欢送仪式，中俄双方有二百多人出席，颜惠庆、李石曾、顾维钧、杨虎、虞洽卿、杜月笙、黄金荣、张啸林、阮玲玉、王人美、郎静山等政界、商界、文艺界名流纷纷到场，可见此事极为隆重。

这一次出访,梅兰芳在苏联取得了与赴美时一样的成就,征服了整个苏联戏剧界,在莫斯科与列宁格勒(现圣彼得堡)演出了十五天,还拍摄了《虹霓关》的电影片段。结束在苏联的演出后,梅兰芳又赴西欧各国进行考察与游历,在英国、德国、法国等国与其戏剧界、文化界的名流会面晤谈,对欧洲的文明有了更深入了解。自此,梅兰芳真正做到了"誉满全球"。回沪后,李石曾等人举行了欢迎仪式,梅兰芳的发言十分精彩:

> 兰芳在俄国表演后,就到中欧去游历,因为时间很短促,也不过是走马看花而已。所看之戏,大约七八十次,总之,各国的戏剧,有各国的作风,未可一概而论。至于我在俄国,住的日子比较多一点,俄国本来就是世界上戏剧最丰富的国家之一,自从革命后,他们

七、马斯南路的歌声

1938年梅兰芳在上海演出《洛神》

政府用全副的精神来创造新的戏剧,但是同时,对于他们旧的戏剧文化,依旧的想法子来把它保存,俄国人的性情,是非常刚毅的,对于一切的事情,都肯埋头去苦干,他们对于戏剧,也是这样,单说莫斯科一城,就有七十多个戏院,全国有戏剧学院两百多处,学生有两万五千多人,这样的努力,我想将来一定有新的收获同很大的成功,俄国人这种勇猛前进的精神,真令人佩服。至于其他的一切建设情形,我们也不用多说,单从戏剧上这一点看来,也就可以推想得到了,兰芳这一次到欧洲去之后,看看人家戏剧,再想想自己的戏剧,我觉得中国倘若能够经过严格的选择和新的改进,将来必定可以有更高的地位,不过这种责任是很大的,也绝不是兰芳个人,或是我们戏剧界的力量所能做到的,总还希望社会上的热心戏剧的诸位先生,大家来共同想个法

七、马斯南路的歌声

1938年梅兰芳在上海演出《西施》

子将它来整理整理,那么我们中国的戏剧或者有更发达的一天。

1935年自苏联归来后,梅兰芳在上海的演出较少,主要是应杜月笙等人之邀,演出一些赈灾义务戏。

1937年7月7日,卢沟桥事变爆发,中日之战已经全面展开,虽然身居上海,但梅兰芳已经明显感受到危机的临近,开始筹划一旦战火蔓延,该何去何从。上海只怕最终也将沦陷,需要另寻避难之处。

1938年3月到4月,大上海剧院启幕,梅兰芳进行了一期演出,之后又在天蟾舞台演出了一期,当时上海的情形还比较平稳,很多人还能安心看戏,这从张聪玉

七、马斯南路的歌声

1938年梅兰芳在上海演出《女起解》

等人的日记之中都能感受得到。梅兰芳还演出了《太真外传》《霸王别姬》《女起解》《四郎探母》《红鬃烈马》《樊江关》《西施》《刺虎》《生死恨》等一系列梅派名剧，刘承干之子刘昕万拍摄了一批现场剧照。这是梅兰芳抗战之前在上海的最后一期演出，之后他便赴香港，直到1942年回到上海。

蓄须明志的梅兰芳

八、蓄须了,不唱了

1938年,正值抗日战争烽火延绵之际,梅兰芳举家前往香港,短暂演出后,便开始了躲避战火的隐居生活,也正是从这时开始,梅兰芳开始蓄须,一蓄就是八年。

隐居港岛,音书断绝,内地关于梅兰芳的消息沸沸扬扬的,有的传说他出国,有的传说他投日,还多次爆出梅兰芳罹难的消息,引得很多梅兰芳的亲友纷纷打

八、蓄须了，不唱了

听。虽然不唱戏了，但梅兰芳还是新闻的主角，一会儿说他要回上海，一会儿说他要回北平，各种小道消息，就像是天女散着花朵，纷纷扬扬。

1942年，太平洋战争爆发，香港也已不再是安静之地。此时葆琛与绍武都在冯耿光的帮助下转战到大后方重庆，福芝芳带着小七、小九在一年前就回到了上海。梅兰芳何时回沪，还没有定论。那年6月到7月，《申报》每天都在报道梅兰芳回沪的消息，但每次都扑了个空。很多人都不知道，梅兰芳这时已经不在香港，而是到了广州，伺机返沪了。

7月26日，福芝芳带着梅葆玖、梅葆玥，还有一些亲友陪同，到机场迎接历尽周折、终于返回上海的

倾城旧事——梅兰芳在上海

梅兰芳与爱子梅葆玖在香港

八、蓄须了，不唱了

梅兰芳。下午4点40分，广州号客机缓缓降落在上海的机场，就像是演戏要出台帘亮相一样，所有的人都在等待梅兰芳走下飞机。终于，等几乎所有乘客都出来后，阔别上海多年的梅兰芳才从飞机上缓缓下来，穿着淡黄色的西装，淡蓝色的领带，白色印花皮鞋，还是当年的风度翩翩，只是嘴上多了一排胡须。

下飞机第一句话，福芝芳说："我们等了一个月了，迎接了你三次了"。梅兰芳在广州淹留了几个月，住在爱群宾馆，每天都打听着飞沪航班的消息，终于等到了航班，7月26日上午9点从广州起飞，先到台北，然后才飞抵上海。梅兰芳跟朋友说，几个月的劳顿，使他原本70公斤的体重下降了将近9公斤。

倾城旧事——梅兰芳在上海

梅兰芳在上海"梅花诗屋"接受陈正薇（前排二）拜师，夫人福芝芳（前左三）、弟子言慧珠（后左三）等均在场

八、蓄须了，不唱了

又回到了马斯南路的家，又看到了梅花诗屋，梅兰芳心里总算是安定了一些，但他明白，回上海，还有很多事要应对。

很快，报上就开始传闻，梅兰芳要登台演出了。占领上海的日本高层官员，也来登门拜访，恳求梅兰芳能登台献艺，显示市面繁荣、中日友善。但梅兰芳始终不为所动，他不会与日本人针锋相对，只是说自己多年不唱戏，早已谢绝舞台，连胡子都留起来了。旦角留胡子，这在京剧界是个不成文的传统，就是说自己不再登台了。甚至为了托病，梅兰芳还给自己打伤寒针，引起高烧。几个回合下来，日本人就明白了梅兰芳的心思，也就不再勉强了。为了让梅兰芳重登舞台，梅兰芳曾经的好友、投靠日本政府做了伪职的褚民谊，还到马斯南路梅宅劝说,结果被梅兰芳不冷不热地挡了回去,闹了个自讨没趣。

有一点需要说明的是,梅兰芳始终与日本社会的上层人士保持着很好的关系,像大仓喜八郎等人。梅兰芳1919年、1924年两次访日,在日本国内影响很大,很多人对他都充满敬重。以梅兰芳的身份与威望,日本人也没有必要强迫他登台。

虽然不唱戏了,梅兰芳回到上海也并不是完全闭门谢客。1942年9月20日,上海皇后大戏院改建重张典礼,梅兰芳与黄金荣、袁履登应邀出席剪彩,三个人并排而坐,倒是最年轻的梅兰芳留着胡子。11月5日,丁福保、袁履登、郎静山等人举办的摄影名家义展,也

八、蓄须了，不唱了

请梅兰芳亲临剪彩。11月，程砚秋来沪演出的时候，正是他的生日，梅兰芳还画了一幅无量寿佛给他祝寿。之后又去黄金大戏院看了程砚秋演的《锁麟囊》，梅兰芳坐在池座第一排，引得四座轰动，直到薛湘灵出场才逐渐安静下来。不久荀慧生在中国大戏院演出，梅兰芳也常去看戏，台下比台上还热闹，后来没有办法，中国大戏院只能为梅兰芳单留出一个包间。

在家闲居的这段时间，梅兰芳只张过两回嘴唱戏，一次是李桂芬为葆玖、葆玥操琴吊嗓，孩子们起哄，让梅兰芳唱一句，他真吊了一句《宝莲灯》的【导板】，然后就不唱了，连声说不行了，老不唱真不行了。再一次是陈永玲初到梅家，很想请先生示范两句，梅兰芳就为他唱了几句昆曲的《刺虎》，仅此而已。梅兰芳倒是经常以画画为消遣，有时也为李世芳、言慧珠等人说说戏。梅兰芳虽然收了不少学生，但真正得到传授的却是凤毛麟角。从香港返回上海，正好李世芳也在上海演出，在马斯南路的梅宅，梅兰芳亲自传授了他《霸王别姬》《贵妃醉酒》等几出梅派代表作。1943年，言慧珠得偿所愿，终于拜入梅兰芳门下，成为梅门弟子。言慧珠初学程派，后来在父亲言菊朋的指点下，改学梅派，由朱桂芳、徐兰沅执教，一个教唱腔，一个教身段，1938年梅兰芳赴港之后，李世芳、言慧珠、陆素娟等梅派弟子，经常约请当年梅兰芳班社中的旧人共同演出。

就是在1942年到1944年这一时期，梅兰芳广开山门，李玉茹、白玉薇、梁小鸾、杨荣环、许翰英等人都拜入梅兰芳门下，成为梅派弟子。马斯南路的梅宅，经

八、蓄须了，不唱了

梅兰芳与弟子　　　梅兰芳与弟子　　　梅兰芳与弟子
　　言慧珠　　　　　　白玉薇　　　　　　李玉茹

常有这些梅派弟子的出入，也显得十分热闹。言慧珠为学戏费尽心思，她知道梅兰芳喜欢北平的豆汁，从北平回上海，常要带上几大玻璃瓶豆汁孝敬师父，这也使梅兰芳十分感动。张君秋的谦和社首次在上海公演，张君秋天天到梅宅，由梅兰芳为他亲授《宇宙锋》《生死恨》等多出梅派戏。

1943年，梅兰芳四十晋九大寿，在愚园路冯耿光的公馆中举行了祝寿晚宴，吴湖帆、周翕园等梅兰芳的沪上挚友都参加了。梅兰芳与福芝芳，此时也开始考虑接班人的问题，除了外面的众多弟子，自己的子女也应该培养一个继任者，最小的儿子梅葆玖天资聪颖，深得福芝芳的疼爱，长得又很像梅兰芳，也许是个很好的接班人。

为了考查一下梅葆玖的天分与悟性，1943年3月，恰好卢燕的母亲、名老生李桂芬重登舞台，在黄金大戏院演两场义务戏，头一天是李桂芬的《奇冤报》。第二天是《三娘教子》，李桂芬饰薛保，孙养侬夫人、女画家胡䫉饰演三娘，由虚岁十岁的梅葆玖饰演薛倚哥，梅兰芳给他说娃娃生的唱腔，小九表演得很好，丝毫不怯场。梅兰芳、福芝芳决定专门培养小九，从北京请来了

八、蓄须了,不唱了

梅兰芳、福芝芳与弟子梁小鸾

王瑶卿之子王幼卿,给梅葆玖说正工青衣戏,又请朱仁富、陶玉芝为梅葆玖说武旦戏,请朱琴心为梅葆玖说花旦戏,请朱传茗为梅葆玖说昆曲戏。梅葆玖爱听父亲的唱片,如《天女散花》《太真外传》《凤还巢》等梅派戏,梅兰芳却把这些片子都收起来。梅兰芳郑重地告诉梅葆玖:"老师怎么教的你就怎么唱,不许说我爸爸这是那么唱的,让我知道了我可不饶你。"

梅兰芳工画,这是艺术界都知道的,蓄须辍演时期,梅兰芳除了教子课徒,便以画画为消遣,画佛像,画梅花,画仕女。1945年3月,叶恭绰与梅兰芳在成都路中国银行同人俱乐部联合举行了一次画展,由陈陶遗、陈叔通、汤定之、李拔可、吴湖帆、沈昆三等人共同发起,从3月17日到3月19日。多年不登台献艺,梅兰芳的经济收入也受到了损失,虽然个人的生活没什么大的影响,但还要养着梅剧团的一堂旧人。画展也是增加收入的一种方式。三日展览,梅兰芳的画作被抢购一空,很多梅兰芳的旧友通过购画的方式来表示对他蓄须明志的支持。

八、蓄须了，不唱了

梅兰芳在马斯南路家中作画

梅兰芳、杨宝森在上海中国大戏院演出《汾河湾》

九、浴火重生

　　1945年8月15日,日本侵略者宣布无条件投降,中国人民的抗日战争终于取得了胜利。这一天,上海马斯南路的梅宅里张灯结彩,大家都在客厅庆贺,梅兰芳给大伙变了个戏法,回到楼上自己的房间,然后用扇子挡着自己的嘴,款步下楼,在众人面前拿开扇子,引起一阵欢呼,梅兰芳剃掉了留了八年的胡须,忍辱负重,终于等到了这一时刻。

1947年"杜寿义演"梅兰芳、马连良合演《四郎探母·回令》

很快,梅兰芳重回舞台,就成为万众期待的事情。这天,梅兰芳在家里由王少卿操琴,准备吊嗓唱唱,结果一张嘴,坏了,八年没有吊嗓唱戏,当年可与"十全大净"金少山一决高下的天赐嗓音,几乎一个音也出不来了。懊恼之余,俞振飞在旁边提议,不妨先试试昆

九、浴火重生

曲，因为昆曲的调门相对皮黄低一些，宽音比较多，恢复起来容易一些，可以先唱唱《刺虎》《游园惊梦》《金山寺·断桥》之类的曲子，慢慢恢复嗓音。

1945年10月10日，在兰心大戏院，上海市政府举行了双十节的庆典演出以庆祝抗日战争胜利，当晚的最后一个节目，便是梅兰芳主演的昆曲《刺虎》，由俞振飞吹笛伴奏，当晚梅兰芳登台的那一刻，掌声持续了很久，就像俞振飞说的，"您八年不唱戏了，别说唱戏，就是在台上站一站观众也是欢迎的"。之后梅兰芳又在美琪大戏院演出了十多天，剧目就按俞五爷说的，都是昆曲《刺虎》《游园惊梦》《金山寺·断桥》，一方面恢复嗓音，一方面等待着北京的梅剧团成员重新聚拢回归。

八年没有登台,年过五十的梅兰芳,嗓音与扮相都不能与当年相比了,开始恢复演出,有些观众甚至无法接受。重登舞台,梅兰芳的心境自有不胜沧桑之感。当年的三大贤,杨小楼、余叔岩都已经去世。力排众议,带着自己第一次来上海的"凤二爷"王凤卿,此时因为两耳重听,也已告别舞台。言慧珠、童芷苓、李玉茹等女演员如今风头正健,就像当年的自己一样,开启了一个新的时代。

1946年,在李春林、姚玉芙的组织下,梅兰芳剧团又恢复了当年的规模,只是承华社的名字已然报散多年。梅兰芳剧团先在皇后大戏院演出一期。11月,梅兰芳邀请了当时正值壮年的老生杨宝森,共同在中国大戏院演出。未久,程砚秋剧团也来到上海,在天

九、浴火重生

蟾舞台演出，于是，就有了那场京剧史上著名的"梅程对台"。

演员唱对台戏，原不是稀奇的事。但在外埠，尤其是上海，就有些敏感了。特别是梅兰芳、程砚秋这般顶级的演员，还有师生之分。界内界外，全将目光聚焦于这场巅峰对台。

中国大戏院梅剧团的演出开始于 11 月 2 日，头两天是梅兰芳的《苏三起解》。20 世纪 30 年代之后，梅兰芳无论到哪里，头一天"打炮戏"都是《苏三起解》。一出最基本的旦角小戏，显示出他无与伦比的艺术水平与号召能力。到 11 月 15 日，天蟾舞台的程剧团正式开锣，程砚秋、谭富英演全本《王宝钏》；同天，中国大

倾城旧事——梅兰芳在上海

梅兰芳与程砚秋

九、浴火重生

戏院梅兰芳、杨宝森演全本《四郎探母》。一场大战拉开序幕。

这是一次真真正正可以称作对阵的演出,因为不仅是梅兰芳与程砚秋两个人,双方每一行当、每一层次都是铢两悉称。老生,梅剧团是杨宝森、哈宝山,程剧团是谭富英、张春彦;花脸,梅剧团是刘连荣、王泉奎,程剧团是袁世海、郭元汾;小生,梅剧团是姜妙香、俞振飞,程剧团是叶盛兰、储金鹏;丑角,梅剧团是萧长华、韩金奎、刘斌昆,程剧团是慈少泉、曹二庚、李少广;武生,梅剧团是杨盛春,程剧团是高盛麟;武旦,梅剧团是班世超,程剧团是闫世善;老旦,梅剧团是何润初,程剧团是孙甫亭。票价上,中国大戏院是两万元到四千元法币,天蟾舞台是两万元到两千五百元法币。

倾城旧事——梅兰芳在上海

梅兰芳演出《四郎探母》

对台从11月15日唱到12月26日，中国大戏院梅兰芳这边主要唱《四郎探母》《汾河湾》《樊江关》《审头刺汤》《贵妃醉酒》《法门寺》一类老戏，梅派本戏

九、浴火重生

1947年梅兰芳在天蟾舞台演出《凤还巢》

只贴出《宇宙锋》《霸王别姬》《凤还巢》《廉锦枫》《西施》《黛玉葬花》；天蟾舞台程砚秋这边，则更多地贴出程派大戏《碧玉簪》《金锁记》《荒山泪》《红拂传》

1954年梅兰芳在上海演出《穆柯寨》

九、浴火重生

《青霜剑》《柳迎春》《春闺梦》《文姬归汉》。唱到12月21日,程砚秋祭出了他的杀手锏——《锁麟囊》,并连贴五天,天天客满。12月24日,中国大戏院登出梅剧团参加南京国民大会的告示,暂停出演。12月26日,程剧团末场《文姬归汉》,结束了这期演出。

这一期演出之激烈,即使今天看来,还让人觉得有些芒刺在背,可想当时演员的紧张状态。上海滩的各种大报、小报新闻不断。冯耿光每天起床第一件事就是"日观天象",看天气是否会影响上座。福芝芳也是每日惴惴不安,倒是梅兰芳本人不温不火,宠辱不惊。其间程砚秋还专程到梅府给师父师母请安。至今还常有人为尊者讳,给这场较量打圆场,说是"艺术竞赛""不伤和气"。据晚年的梅葆玖回忆,父亲梅兰芳之前是跟程砚秋商量过的,并不希望出现对台的局面。但在各种主客观原因下,程砚秋始终坚持。梅兰芳心中多少是有些不快的。这前前后后梅程之间的较量与矛盾,也是信史,无须讳言。

到底这场对台谁输谁赢,说法自是众说纷纭。从售座来看,双方基本上是平手。而天蟾舞台座位比中国大戏院多,似乎程占了上风;若从剧目看,程剧团是全梁上坝,竭尽全力,梅剧团则有些闲庭信步,举重若轻,更胜一筹。

这里当然也包含着梅程两个流派的区别,梅兰芳的新戏,永远是惜墨如金,唱段与表演都以精练取胜,垫足了场子才露一下。而程砚秋的新戏,往往唱腔都

九、浴火重生

程砚秋赠送梅兰芳的单人照

安排得很满，一出戏里【西皮】【二黄】各种板式用足，仅靠程腔就足以征服观众，用俞振飞的话说"满盘子满碗"。

梅程对台结束仅十天，1947年1月5日，梅兰芳的爱徒李世芳遭遇空难离世，年仅26岁。业内外一片哀惋，梅兰芳更是十分伤心。2月27日、28日，京剧界在中国大戏院为李世芳遗属唱了两天盛大的义务戏。第一天言慧珠、李玉茹、李蔷华、顾正秋、梅葆玥、裘盛戎等人合演《八五花洞》，大轴戏程砚秋、芙蓉草、俞振飞、袁世海合演《儿女英雄传》；第二天17岁的梅葆玥、13岁的梅葆玖姐弟与李丽、赵荣琛、赵培鑫、陈大濩等人合演《四郎探母》，大轴李少春、高盛麟、袁世海等人合演《大溪皇庄》，剧中"十美

九、浴火重生

1954年梅兰芳在上海演出《宇宙锋》

跑车"一场，由言慧珠、李玉茹、魏莲芳、闫世善、李金鸿、李薇华、顾正秋、秦慧芬、李丽、王萍十个旦角演出，颇集一时之盛。梅兰芳没有参加演出，而是登台讲话致谢，极为得体。对台是对台，程砚秋作为事实上的梅门大弟子，仍责无旁贷地领衔义务戏，这才是大家风范。

1947年9月，正值杜月笙六十寿辰，要在中国大戏院举办十天演出，以"救济水灾义演"为号召，南北名伶差不多全部到齐。演出时间为9月3日到9月12日，其中八天的大轴戏由梅兰芳领衔，三场梅兰芳、马连良、谭富英、李少春等人主演的《龙凤呈祥》，一场梅兰芳、筱翠花主演的《樊江关》，两场梅兰芳、马连良主演的《打渔杀家》，两场梅兰芳、李少春、周信芳、谭富英、马连

九、浴火重生

良主演的《四郎探母》。而9月7日、8日两晚的大轴戏，则是数年未登台的孟小冬演出两场《搜孤救孤》，这两场演出也成为她告别舞台的收官之作。

两天晚上，很多无法亲临现场的人通过无线电收听《搜孤救孤》，其中有一位特殊人物——梅兰芳。据姚玉芙的回忆，梅兰芳在收音机前连着听了两天。如今中国艺术研究院的收藏目录上，有一份孟小冬《搜孤救孤》钢丝录音，来源一栏写的是"梅院长家藏"。随着许多史料的面世，对于梅孟之恋，以前的很多说法不攻自破，但又浮现出很多谜题。也许梅兰芳、孟小冬、福芝芳、冯耿光、杜月笙诸人的关系，既不像后人想象得那么复杂，更不像后人想象得那么简单。

倾城旧事——梅兰芳在上海

1954年梅兰芳在上海演出《霸王别姬》

九、浴火重生

1946年到1948年这一时期,无论是剧目还是表演风格,梅兰芳都到了"不择纸笔、皆得如志"的境界。无论是与杨宝森合演的《武家坡》,还是与杜寿义合演的《四郎探母》《龙凤呈祥》,都有录音存世,虽然当时嗓音状态并不好,但还是唱得十分精彩,大气磅礴。梅兰芳在上海演出,总给言慧珠这些好学的弟子留票,叫她们去看戏,并说"这就是我给你们上课哪"。言慧珠看了戏,常会去马斯南路梅宅问问题,比如《霸王别姬》的舞剑,她觉得梅兰芳每次在舞台上的路线都不一样,梅兰芳回答她说,也别学他这路子,他就是怎么顺怎么过来的。

梅氏父子合演《游园惊梦》

十、百年后的传承

1949年10月1日,中华人民共和国成立,梅兰芳作为戏剧界的代表,从上海到北京,登上了天安门城楼的观礼台,他感受到一个崭新的时代即将来临。

回到上海,梅兰芳剧团又在上海中国大戏院演出了很长时间,一直到1950年。梅葆玖就是在这个时期正式加入梅剧团,开始了自己专业演员的艺术生涯,与梅兰芳父子合演了《游园惊梦》《金山寺·断桥》等剧目。也是在1950年,梅兰芳告别了生活十八年的上海,返回阔别十四年的北京。新中国成立之初,北京站有两次万人以上的大规模欢迎活动,一次是官方组织的欢迎宋庆龄北上仪式,再一次便是民众自发的欢迎梅兰芳返回北京。

此后,1953年、1954年、1956年,梅兰芳又三次带领梅剧团回到上海演出。1961年,上海戏剧学院院长熊佛西亲自到北京邀请梅兰芳,约他到上海演出一期,尤其要请他演出他为中华人民共和国成立十周年排演的新剧《穆桂英挂帅》。此事即将成行,不想,梅兰芳却因心脏病住进了医院,在8月8日清晨猝然离世。《穆桂英挂帅》成为梅兰芳一生唯一一出没有在上海演出过的梅派新戏。

十、百年后的传承

沈晓梅拜师合影

从1913年第一次到上海演出，梅兰芳就震惊了上海滩的观众，20世纪20年代，大量梅兰芳新剧在上海的陆续展演，更让上海的观众与票友为之倾倒。上海的票房中有大量梅派爱好者，很多人后来都成为梅派重要传人。

1928年，复旦大学的学校体育馆里举行了一场京剧演出，一位学生彩唱《玉堂春》，嗓音与梅兰芳惊人地相似，海上许多名票都来参观，让内外行都感到极为震惊。这个学生叫杨畹农。1932年，杨畹农与画家谢稚柳共同北上，到北平拜访梅兰芳。梅兰芳对他极为欣赏，并亲身教授，让杨畹农在梅派唱腔上获益匪浅，此后更成为梅派票友中的青年领袖。20世纪40年代末，杨畹农在上海电台教授梅派戏，后来又成立了梅剧进修会，

十、百年后的传承

梅兰芳与杨畹农

先后教了一百多人。1956 年后,杨畹农应邀到上海市戏曲学校教学,将梅派所学都传授给了专业学生。他对梅派的传承起到了非常重要的作用。

与杨畹农相仿的上海另一位名票包幼蝶，是著名书画家、收藏家包虎臣后人。兄长包小蝶是上海的旦行名票，包幼蝶受其影响，自幼便喜爱梅派艺术，在20世纪30年代得以进入梅门学艺，他在吐字发音等方面极为讲究，对梅派念白也有很深的研究。后来包幼蝶先后定居美国与中国香港。定居国外期间，他在海外传播梅派艺术，影响极大。

沪上还有一位梅派票友——周窊园，他的本名叫周恩霆，是周恩来的堂弟。周窊园也是从20世纪二三十年代就开始喜爱梅派，经常出入马斯南路梅宅，与梅兰芳有很深的交情。周窊园很少演唱，但研究非常深入，后来经常在《文汇报》《解放日报》等报刊上发表介绍梅派艺术的短文，讲解梅派的《刺汤》《汾河湾》等戏，都极有见地。

十、百年后的传承

在业界的传承中，上海最重要的梅派传人当属言慧珠，这位京剧界的传奇女伶，毕生将梅兰芳、梅派艺术奉为自己在艺术上追求的目标，始终锲而不舍。1940年，言慧珠开始正式挑班，在北平演出，为她配演的都是梅兰芳旧日的搭档，包括肖长华、姜妙香、刘连荣等人。这期间，言慧珠贴演的不仅有《贵妃醉酒》《生死恨》《抗金兵》《西施》《洛神》《宇宙锋》《凤还巢》等梅派保留剧目，还贴演了梅兰芳中期就不再演出的《邓霞姑》《黛玉葬花》《天女散花》等梅氏早期代表作。言慧珠的傲气，是在京剧界出了名的，但在梅派学习上，言慧珠是无比虔诚的。每当梅氏演出，她就专心致志地观摩老师在台上的一招一式，心追手摹，以至旁若无人地在台下跟着做各种表情和动作。正是这种痴迷的状态，使言慧珠学习到了梅派

倾城旧事——梅兰芳在上海

梅兰芳、梅葆玖父子合影

《生死恨》梅葆玖饰韩玉娘

十、百年后的传承

最精华的部分。为了能经常出入马斯南路梅宅,向梅兰芳问艺,言慧珠与梅葆玥情同姐妹,而且给她讲故事总是留个"扣子",这样梅葆玥也会经常闹着要言姐姐到家里来。

除了言慧珠,梅派艺术最重要的传承者就是梅兰芳的爱子梅葆玖了。梅葆玖出生在上海,虽然没有进过科班或者戏曲学校,但从小梅兰芳就请了许多优秀的老师为他传艺,王幼卿教了他二十多出青衣骨子老戏打基础,《祭塔》《祭江》《芦花河》《武家坡》《玉堂春》《教子》《南天门》《骂殿》等。梅葆玖每天从教会学校放学回家,就得开始学戏。寒暑假期间,上海的夏声戏校在黄金大戏院、中国大戏院有演出,梅葆玖也会参与其中,唱一些青衣戏。当时湖社票房有些活动,梅葆玖也经常参加,跟沈苇窗唱《教子》，跟吴熹笙、陈永玲、李金泉唱《大登殿》，杨宝森在台上把场。

1950年开始，梅葆玖正式成为一名专业演员，那时也不过十六岁，在梅剧团周六、周日的演出中唱日场戏，《天女散花》《生死恨》《西施》《玉堂春》《大探二》《武家坡》《虹霓关》等，梅葆玖都经常演出。为了拓宽戏路，梅葆玖还向茹富兰学《雅观楼》，向姜妙香学《射戟》。1956年梅兰芳最后一次率梅剧团到上海演出，梅葆玖的剧目更加丰富。1961年梅兰芳去世后，梅兰芳剧团与程砚秋剧团等合并，1962年到上海演出，梅葆玖以一出《穆桂英挂帅》作为头一天的"打炮戏"。

十、百年后的传承

梅葆玥、梅葆玖合演《大登殿》剧照

20世纪七八十年代,梅葆玖逐渐开始了传艺收徒的工作,他曾在上海亲自组织了梅派艺术培训班,后来更是广收后学,当今活跃在舞台上的梅派中坚力量,许多都是他的嫡传弟子。更重要的是,相比其他京剧流派,梅派的传承始终严守绳墨,保持着从容平和的艺术风格,这正是梅葆玖先生一生勤勉的结果。梅派能依旧香火延绵,葆玖先生厥功至伟。

梅葆玖晚年的一大心愿,就是将梅兰芳最著名的作品《太真外传》重新搬上舞台。2001年,这一心愿在上海得以实现。交响乐版京剧《大唐贵妃》在上海大剧院隆重上演,梅葆玖带领新一代梅派传人李胜素、史敏等人分饰杨玉环,最后一场"仙山续缘",年近七旬的梅葆玖在大乐队的烘托之下,又唱响了父亲七十五年前在

十、百年后的传承

梅兰芳与李世芳

梅兰芳与魏莲芳

梅兰芳、梅葆玖父子与许伯明、姚玉芙

上海首演的名作，大段的【反二黄】唱腔，将所有梅派精华都融入其中。梅派艺术的传承、父子两代之间的因缘际会，在这一刻得到了最真实的体现。

2013年12月，一场特殊的纪念活动在上海天蟾舞台进行。这次活动由上海戏校主办，名为"纪念梅兰芳首次莅沪一百周年"。两天演出的剧目，全是1913年梅兰芳首次莅沪演出的戏码，头一天便是《穆柯寨》《彩楼配》《宇宙锋》，第二天的彩唱结束，梅葆玖身着正装，款款上台，唱了一段《贵妃醉酒》【四平调】，并在台上收了戏校学生炼雯晴为弟子，梅派的香火又一次在上海传承下去。

这就是梅兰芳在上海的故事。

图书在版编目（CIP）数据

倾城旧事：梅兰芳在上海 / 张斯琦编著 .—北京：知识产权出版社，2022.1
（梅兰芳艺术人生文丛 / 刘祯主编）
ISBN 978-7-5130-8013-2

Ⅰ.①倾… Ⅱ.①张… Ⅲ.①梅兰芳（1894-1961）—生平事迹 Ⅳ.① K825.78

中国版本图书馆 CIP 数据核字（2021）第 263548 号

策　　划：刘　祯　王润贵	责任编辑：刘　嵩
装帧设计：智兴设计室·段维东	责任校对：潘凤越
内文制作：智兴设计室·熊　薇	责任印制：刘译文

倾城旧事

梅兰芳在上海

张斯琦　编著

出版发行：知识产权出版社有限责任公司	网　址：http://www.ipph.cn
社　　址：北京市海淀区气象路50号院	邮　编：100081
责编电话：010-82000860转8119	责编邮箱：liuhe@cnipr.com
发行电话：010-82000860转8101/8102	发行传真：010-82000893/82005070/82000270
印　　刷：天津市银博印刷集团有限公司	经　销：各大网上书店、新华书店及相关专业书店
开　　本：787mm×1092mm　1/32	印　张：6.125
版　　次：2022年1月第1版	印　次：2022年1月第1次印刷
字　　数：70千字	定　价：39.00元

ISBN 978-7-5130-8013-2

出版权专有　侵权必究
如有印装质量问题，本社负责调换。